CARLO P

EROI ELETTRICI
I grandi solisti della chitarra

© 2019 CARLO PASCERI
Ogni diritto riservato

Per informazioni visita il sito
www.carlopasceri.it
o visita la pagina Facebook "Dischi da leggere"

Contatta l'autore:
cpasceri@libero.it

Editor: Antonio Lisi

978-1-326-86885-7
Marchio editoriale: Lulu.com

A te, mia vitale ambra

Ringraziamenti

Il libro che state per leggere lo ha fortemente voluto Antonio Lisi. Non sembrerebbe una novità: di tutti i numerosi libri della collana Dischi da leggere è sempre stato lui in sostanza il primigenio fautore intellettuale ed esecutivo.

Di quegli altri, teorico-tecnici, meno originario progettista e promotore; anche se poi mai è mancato il suo perfetto supporto affinché quei testi siano poi divenuti libri compiuti e molto migliori di quanto lo fossero al principio.

Parecchi anni fa avevo redatto una ponderosa mappa dei chitarristi elettrici più significativi, con annesse schede delle loro caratteristiche e il testo più tecnico dei percorsi melodici: Antonio sin da allora aveva cominciato a incoraggiarmi, come sempre è accaduto, per continuare a scrivere, nel tentativo di dare forma compiuta a un contenuto editoriale che riteneva poter essere interessante.

Tuttavia, come mai era accaduto, feci formidabili resistenze: procrastinavo continuamente, adducendo i più svariati motivi... Nel frattempo Antonio, mai rassegnato, continuava negli sproni, e il fatto che in questi anni mi capitava di scrivere alcuni profili di chitarristi, lo ha agevolato per la spallata finale.

In autunno Antonio mi ha inviato la copertina del testo che state leggendo: l'impegno per il compimento di "Eroi Elettrici" non era più eludibile.

L'occulto eroe di questo libro è lui: grazie, Antonio.

Sommario

Introduzione 9
Un po' di storia... 15
La mappa delle influenze 21
Strategie e tattiche dei solisti 28
I 28 chitarristi essenziali 39
Django Reinhardt 41
Charlie Christian 45
Les Paul 49
T-Bone Walker 52
(Riley) B.B. King 55
Wes Montgomery 58
Duane Eddy 61
Gabor Szabó 64
Eric Clapton 68
Jimi Hendrix 72
Jimmy Page 76
Ritchie Blackmore 82
Carlos Santana 86
Frank Zappa 90
Jeff Beck 94
John McLaughlin 98
Robert Fripp 102
Brian May 106
Al Di Meola 110

Larry Carlton 114
Pat Metheny... 117
Allan Holdsworth 120
John Scofield 124
Eddie Van Halen 127
Bill Frisell..132
Joe Satriani...136
Steve Vai 140
Scott Henderson...144
Un decalogo "improvvisato" 148
Jim Hall 149
George Benson 153
David Gilmour 156
Robben Ford...159
Gary Moore...162
Steve Lukather..165
Adrian Belew 169
Mike Stern 172
David Torn 175
Nguyèn Lè...178
Gli italiani 181
Franco Cerri..183
Alberto Radius 186
Franco Mussida 190
Pino Daniele 193
Riepilogo: le vie maestre 198
Tecniche e tecnologie della chitarra elettrica 201
Percorsi melodici..203
La tecnica esecutiva musicale....................................208
Bending..215
Tecniche paradossali.. 227
Pietre angolari 231

La pausa: il sale della nostra cucina...............................234
Il Sacro Graal 238
Frequenze, armonici (e trasposizione)..........................242
Frequenze, armonici (e trasposizione) *Parte 2*................246
Equalizzatori..250
Parliamo di distorsione: i pedali..................................260
Ampli per chitarra elettrica..263
Feedback 266
L'autore 267
Altri libri dello stesso autore......................................268

Introduzione

La chitarra elettrica è lo strumento che (insieme con la batteria) ha più cambiato la musica del XX secolo. La chitarra elettrica è lo strumento più versatile che ci sia.

Senza offesa per nessuno strumento (tantomeno per gli strumentisti), li amo tutti, davvero; tuttavia non è difficile sostenere queste affermazioni perentorie, apparentemente dettate dal fatto che io sia un chitarrista, ancora innamorato. La prima dovrebbe esser chiara anche a profani e comuni ascoltatori, la seconda forse un po' più dura da "digerire", eppure...

Di solito si obietta che sia il pianoforte lo strumento più poliedrico, ma non è così: a fronte della sua stupenda capacità polifonico-armonica (ed estensione di registro), inarrivabile per tutti gli strumenti (a eccezione dell'organo), ha dei limiti insormontabili. Senza entrare nei dettagli, diciamo che tutto quello che può fare il pianoforte, seppur con dei limiti, lo può fare la chitarra; ma tutto quello che può fare la chitarra non può assolutamente farlo il pianoforte.[1]

---

[1] La chitarra è, come il pianoforte, uno strumento polifonico-armonico, seppur non ha le sue ampiezze quantitative (ma ha alcune peculiarità qualitative che il pianoforte non possiede). Però le fondamentali articolazioni musicali come i glissati, intonazioni note con passaggi frequenziali continui come la voce (bending), legati (hammer-on/pull-off), o il tanto elementare quanto "vitale" vibrato, per il pianoforte sono del

E giova rammentare che la chitarra è l'unico strumento che può sia emettere gli accordi come i comuni strumenti a tastiera (organo, pianoforte ecc.), l'arpa e lo xilofono/vibrafono che intonare le note (non avendone come i precedenti strumenti una prefissata) come la voce, strumenti a fiato, o violini, violoncelli ecc.: nessuno degli strumenti citati, coi loro derivati, può fare sia l'una sia l'altra cosa, o una o l'altra, solo la chitarra entrambe.

Avviciniamoci un po' al mondo della chitarra elettrica.

La chitarra è uno strumento musicale cordofono a pizzico: può essere suonato con i polpastrelli, unghie, plettro ecc.: a seconda se polpastrelli, unghie, plettro dà un suono molto differente.

E la chitarra elettrica è un tipo di chitarra in cui le vibrazioni delle corde sono rilevate da uno o più particolari microfoni (pick-up) ossia dispositivi elettromagnetici o elettronici trasduttori di energia: captando le vibrazioni convertono quell'energia fisica in impulsi elettrici.

La sua estensione (con normale accordatura) va da circa 80Hz a 1300Hz (quattro ottave); nella generale tessitura musicale (circa 30Hz-4200Hz) è simile all'arco frequenziale coperto da tutte le voci (da basso a soprano), dei sax (baritono-soprano), delle trombe e tromboni, violoncello e vibrafono. Si pone piuttosto centralmente, dalle medio-basse alle medio-alte frequenze.

Dunque di una chitarra elettrica che sia a corpo pieno (solid-body tipo Stratocaster o Les Paul) o semiacustiche, che siano quelle a "cassa bassa" (le semi-solid tipo Gibson ES 335) o alta (le hollow-body tipo Gretsch Country Gentleman), la caratteristica comune è il pick-up.

---

tutto ineseguibili.

Il segnale prelevato all'uscita di questo, tramite un cavo di collegamento, è convogliato nell'ingresso di un amplificatore che lo filtra e moltiplica, inviandolo poi a un altoparlante che a sua volta, vibrando potentemente, lo riconverte in onde sonore udibili.

Eventualmente tra chitarra e amplificatore possono essere inseriti vari tipi di processori elettronici, i cosiddetti effetti (wha-wha, distorsori, phaser, delay ecc.): tutta questa catena tecnologica crea il suono basilare, ovvero la tavolozza timbrica alla quale attinge il chitarrista per creare i propri colori sonici. L'individuale "tocco" dei differenti chitarristi darà di volta in volta timbri differenti: infatti, **a parità di strumentazione e settaggi, chitarristi differenti generano suoni differenti**.

Comunque è il pick-up, a seconda della sua tipologia e soprattutto dove posizionato (presso il manico=timbro tenorile / al ponte=soprano), che offre la fondamentale matrice sonica.

La prima chitarra elettrica è del 1931, praticamente una padellina con un manico e tastiera su cui sono tese sei corde: produzione americana di marca Rickenbacker. Poi una stupefacente pletora di variazioni e innovazioni, anche perché i fattori di modificazioni sono molti oltre il basilare pick-up.

Infatti, basti pensare che lo spessore delle corde, la loro tipologia (lisce o ruvide), la lunghezza del diapason (il tratto su cui poggiano: dal capotasto al ponte), la leva vibrato, altresì i materiali dell'intera chitarra e come sono assemblati, contribuiscono non solo al suono, ma soprattutto all'uso di tecniche differenti: talvolta in modo sfumato talaltra in modo marcato, quando addirittura di nuove.

I chitarristi "eroi" sono quelli elettrici e solisti (quelli che suonano assoli): sono apparsi soprattutto tra gli anni Sessanta e Settanta dello scorso secolo.

Esattamente il tempo della mia infanzia e adolescenza. Ben prima di divenire un professionista del settore, ho fatto un percorso alquanto tortuoso. La mia formazione è in prima istanza rock, appunto quello degli anni Settanta, non disdegnando le "dure accelerazioni" dei rocker del decennio seguente. In seguito mi sono avvicinato all'evoluzione fusion: pensavo bastasse fare qualche rapido cromatismo qua e là... ma andai a sbattere. Per comprendere e fare davvero mio il sofisticato linguaggio dei vari Robben Ford, Scott Henderson ecc., avrei dovuto studiare, e seriamente, il Jazz. Così feci, e le cose andarono meglio.

Peraltro, siccome mi è sempre piaciuto tanto leggere, negli Ottanta riuscii anche a scrivere, seppur occasionalmente, rapidi articoli musicali per *Ciao 2001* e *Fare Musica*. Ma è nel decennio successivo che divenne per me un fisso e impegnativo dedicarsi al mestiere di trascrittore-commentatore di parti chitarristiche e di tutta una serie di attività iperspecializzate in questo settore (preminente come tester-recensore di chitarre, amplificatori, processori effetti e apparati vari), collaborando in modo continuativo per quasi dieci anni con una rivista top come *Axe Magazine*: mediante questa lunga e intensa esperienza acquisii una conoscenza così ampia e profonda a tutto tondo che, pur essendo un iperattivo chitarrista professionista, mai avrei potuto conseguire. Sono felice di aver praticato tutte e due le attività in un modo così pregnante, una era complementare all'altra.

La chitarra elettrica è stata inventata circa un secolo fa e quindi i chitarristi di cui questo libro si occupa sono "nati e cresciuti" nel XX secolo. Di più: **qui è proposta una fenomenologia del chitarrismo elettrico solista.**

Certamente è soprattutto con l'avvento delle prime saturazioni timbriche, verso la fine degli anni '50, che la chitarra assume questo particolare status: il suo caratteristico e ricco colore sonico che, dopo meno di dieci anni si è sviluppato in una poderosa timbrica satura di armoniche, ha più di tutti gli strumenti musicali influito sulla musica.

Dunque non solo assoli, ma anche e soprattutto riff e accordi e perciò gli elementi essenziali delle composizioni sono stati trasfigurati da questo stupefacente strumento, che ha praticamente inventato un genere: il Rock.

Infatti, si può affermare che, soprattutto in principio, molti brani rock sono stati composti da chitarristi, o almeno pensando alla chitarra elettrica come esecutrice, con tutta una serie di conseguenze.

Tuttavia sono i chitarristi che salgono al proscenio coi loro assoli che catalizzano maggiormente l'attenzione: nell'immaginario collettivo sono loro i grandi eroi; pertanto si parte da quelli jazz e blues per giungere a quelli rock e dintorni.

Il cuore del libro da cui s'irradia tutto è un diagramma che illustra il reticolo di reciproche influenze (nel tempo e nello spazio dei generi) dei nostri chitarristi *essenziali*; dei quali in una scheda in forma ipersintetica sono esplicate le loro caratteristiche, altresì in un breve testo esposta la loro storia.

Ce ne sono un'altra decina di bravissimi, alcuni famosissimi, rimasti fuori (e non sono i soli), e dei quali a ognuno è dedicato un rapido scritto: sono il primo a dolermene, ma non sono importanti come gli altri per lo specifico sviluppo del linguaggio chitarristico. Per esempio a me non è mai piaciuto un granché Eric Clapton, ma considerato cosa, come e quando lo ha fatto, era giusto inserirlo tra gli *essenziali*.

Una sezione è inoltre dedicata ai chitarristi italiani. Ne ho scelti quattro in particolare.

L'ultima parte del libro è riservata alle tecniche e alle tecnologie che caratterizzano il mondo della chitarra elettrica.

Percorsi melodici è il titolo di un capitolo in cui più genericamente sono spiegati i principi strategici usati dai musicisti per conseguire frasi musicali (improvvisate o non) relativamente alle sottostanti serie di accordi.

Seguono alcuni capitoli che completano in modo variegato la fenomenologia del chitarrismo elettrico, dalle tecniche alla strumentazione usata per potenziare, colorare, e quindi perfezionare il timbro.

Ah, dimenticavo, almeno sul numero dei chitarristi essenziali scelti si potrà esser tutti d'accordo, essendo 28. La matematica afferma che è un *numero perfetto*, il secondo: il primo è 6 e il terzo 496. Sarebbero stati troppo pochi o esorbitanti i chitarristi elettrici fondamentali, no?!

Un po' di storia...

In Occidente, segnatamente in Europa, fino all'alto Medioevo la musica era prevalentemente monodica, ossia solo una melodia, senza altro, se non qualche unisono di rinforzo. Per la musica occidentale fu decisiva l'evoluzione della polifonia (intrecci di più linee melodiche) accaduta nel Medioevo circa un millennio fa.

Ciò ha implicato la fenomenale distinzione tra la musica dell'Occidente e quella di tutto il resto del mondo: ha cominciato a svilupparsi l'armonia (esito della "verticale" sovrapposizione di note diverse nel fluire "orizzontale"). Rimarrà sconosciuta agli altri o comunque mai praticata.

Successivamente, dopo il Medioevo verso il 1500, e in modo progressivo, ci fu il passaggio tra le rigogliosissime ramificazioni melodico-polifoniche piuttosto centrifughe e l'instaurarsi di un compatto organismo armonico, blocchi accordali che si muovono poco sinuosamente e sempre più verso una nota fondamentale e che fungono da esplicito e completo sostegno a una monodiscorsiva melodia pertanto molto centripeta.

E, infatti, fu la struttura melica che mutò, non più un mondo musicale fatto da una pluralità di scale modali con le loro affascinanti sospensioni ed ellittiche attrazioni, ma l'unità della scala tonale ossia la Ionia (scala maggiore); con tutt'al più qualche escursione alla sua minore relativa (Eolia). È il nodo principe della costruzione e del discorso musicale, del suo tessuto connettivo, del suo equilibrio cartesiano tra verticale e orizzontale.

Le magnetiche linee di forze date dal concentramento su una singola struttura e conseguente accumulo piramidale di suoni, peraltro caricate ulteriormente dalla polarizzazione delle concatenazioni accordali, favorirà grandemente lo sviluppo discorsivo della melodia a scapito di quello costruttivo. Sarà così aumentato il principio costituente del campo di forze musicale generato dalla trazione dell'univoca linea scalare tesa tra due poli a distanza di un'ottava.

Nel Settecento questa prassi musicale si era stabilizzata anche col supporto di trattati teorici di eminenti personalità (Rameau in testa), fu codificata sin troppo, infatti, già nell'Ottocento si sentì l'esigenza di andare ben oltre.

Quindi si è sviluppata una musica che, giunta al XX secolo con la formidabile mescola di quella afroamericana (Jazz), è una sorta di rilancio della musica polifonica; rimando fornito non tanto con le strutturali composizioni di temi ecc. quanto con gli assoli (più o meno improvvisati) degli strumentisti, giacché il suonare tutte quelle note (che vanno ben oltre un comune tema tonale) su riff di basso e simili con il sostegno di sequenze armonico-accordali, generano dei vortici sonori che rievocano l'errante ricchezza melodica della perduta polifonia modale.

Insomma, queste musiche si potrebbero considerare una particolare forma di neo-polifonia, soprattutto allorquando ascoltiamo gli improvvisatori più avveduti (solitamente nell'area Jazz, Fusion e dintorni) che affastellano scelte di strutture melodico-scalari alternative ai precetti più ortodossi, e che si muovono tra linee melodiche di walkin' bass o comunque molto mobili e dinamiche, e sofisticate sequenze accordali poco diatonico-tonali.

E nel '900, oltre l'esperienza unica del fenomeno degli assoli in capo un po' a tutte le categorie degli strumentisti (dal clarinettista al trombonista dal pianista al violinista), da circa metà di questo secolo ha visto affermarsi sempre più la figura del chitarrista elettrico che, pure a fronte della propria attrezzatura che si è nel tempo parecchio sviluppata sia in termini meccanici sia in termini elettronici, ha fornito un contributo eccezionale per la caratterizzazione (basti pensare al Rock) e la propulsione a tutto tondo della moderna musica.

Aggressivi accordi pieni e saturi di sfolgorante vigore che impattano gli ascoltatori, sovente insieme con melodie e assoli lirici o rapidissimi che, dopo aver dato un pugno allo stomaco e rapiti l'orecchio e il cuore, fanno volare la mente a chissà quale eroica ed erotica fantasia.

La chitarra elettrica è quasi un sinonimo di Rock; spesso di quello degli anni Sessanta del '900, ma è un incatenamento che viene da più lontano... Si pensa al massimo di far risalire la chitarra elettrica all'americano Rock'n'Roll della metà degli anni Cinquanta, tuttavia le sue origini risalgono a prima.

Sempre negli USA tra gli anni Venti e Trenta nasce e si diffonde uno stile musicale chiamato **Western swing**: musicisti bianchi che suonano perlopiù strumenti a corde che, tra country, dixieland, blues e quant'altro era allora già emerso di questo tipo, iniziarono importanti mescolanze. Bob Willis fu denominato il re di questo stile e tra i chitarristi più importanti c'erano **Leon McAuliffe** e **Bob Dunn** (metà degli anni Trenta).

La particolarità di questi è che erano *steel guitarist*, ossia chitarristi che suonavano con un cilindretto di metallo (chiamato bottleneck, può essere anche in altro materiale): facendolo scorrere sulle corde si ottiene un suono che glissa l'intonazione con un effetto simile a quello della voce o strumenti a fiato che non hanno i semitoni prestabiliti che fratturano il continuum frequenziale per passare da una nota all'altra[2]. Ciò quindi precorre l'estensiva applicazione della tecnica del **bending**, tanto cara a tutti i chitarristi rock; altresì Dunn elettrificò il suo strumento cavandone ulteriori esiti: fu tra i primi in assoluto.

Il loro incisivo linguaggio musicale, di poche note e reiterate con variazioni, glissate e "piegate" in intonazioni lirico-bluesy, influenzò colui che fu il campione della chitarra elettrica jazz: **Charlie Christian**.

Egli derivò qualcosa anche da un altro pioniere della chitarra elettrica ossia **Eddie Durham**, che, insieme a **Lonnie Johnson** (più bluesy), stavano portando avanti un particolare sviluppo "orizzontale" delle improvvisazioni sui cambi di accordi (un po' come stava facendo in quegli anni il magnifico sassofonista Lester Young).

Pertanto meno verticalizzazioni con arpeggi che seguivano le cesure dei cambi accordali e più larghi archi melodici scalari, alter-

---

[2] In pratica le possibilità sono: semplicemente adottare un bottleneck sulla chitarra standard in posizione normale ossia verticale; oppure metterla in posizione orizzontale parallela al pavimento (ovviamente faccia all'insù), sovente si usa uno strumento dedicato chiamato lap-steel; c'è la variante con alcuni tiranti corde per ulteriori variazioni di intonazione pre-impostabili (di solito tono o semitono) azionabili con pedali (pedal-steel).

nati a reiterazioni su pochissime note suonate in modo estremamente ritmico: s'impone un brevissimo motivo melodico (riff) mentre l'armonia scorre, rendendolo così ancor più affascinante.

Questo sarà il principale approccio dei chitarristi rock di ogni epoca.

Perciò con Christian si avrà una miniera di idee sfruttate dai chitarristi susseguenti, anche quelli meno legati al Jazz: gente come **Scotty Moore** (Elvis Presley) e **Cliff Gallup** (Gene Vincent) a conti fatti devono a Christian parte del loro scarno linguaggio *rockabilly*.

Dunque quelli più propriamente rock e vicini a noi hanno congiunto principalmente l'ammaestramento blues dopo il fondamentale ed elettrificato "swing blues" di **T-Bone Walker** e dei tre **King (B.B., Albert** e **Freddie)** e, consci o non, quella di altri che erano parecchio più indietro nel tempo...

D'altra parte, in un tanto ampio quanto chiaro cortocircuito, troviamo addirittura il tastierista rock per eccellenza, Keith Emerson, che si rifece palesemente a quella tradizione musicale statunitense degli anni Trenta del Western swing e simili; o anche a quella direttamente precedente (Ragtime) e successiva (Rock'n'Roll). Emerson, come altri suoi colleghi, non solo distorse il timbro delle tastiere, ma riuscì finalmente, attraverso dotazioni tecnologiche che da Robert Moog in poi si troveranno nei pannelli delle tastiere, a glissare e piegare le note a mo' di *steel guitar* o *bending* da chitarristi rock-blues, ottenendo aggiuntive espressività alla propria musica.

Insomma, la radice elettrica della chitarra è nel Western swing di quasi cento anni fa, poi Christian al servizio di un gigante del Jazz come Benny Goodman; e il Rock è molto più di chitarre elettriche distorte e riff, però appena c'è qualcosa di questo tipo sicuramente possiamo dire che c'è del Rock.

La mappa delle influenze

Il diagramma dei magnifici 28 è il cuore cartesiano del libro, l'intento è di avere una funzionale illustrazione del loro plastico posizionamento nel tempo e nello spazio (dei generi), insieme con le loro influenze interconnettive, e talvolta reciproche. Penso sia abbastanza pratico: con un colpo d'occhio si ricava più di un'informazione.

Per esempio si evidenzia come alcuni abbiano una singolare spazialità tra i generi. Come T-Bone Walker che, dopo aver ovviamente appreso i rudimenti blues dalla moltitudine di chitarristi che nei primi decenni del secolo si sono succeduti[3], ha ricevuto un "verticale" impulso linguistico jazzy da Charlie Christian e che, dopo aver mescolato alla sua maniera, ha a sua volta innestato un importante ramo chitarristico. Si arriva a Santana e Zappa con soli due salti, due soli gradi di separazione. Per non parlare del signor Les Paul...

Per quanto riguarda la collocazione sull'asse temporale, ogni chi-

---

[3] In particolare ci furono tra gli anni Venti e Trenta del '900 almeno una cinquina di personaggi capitali per il chitarrismo blues: Charlie Patton, Robert Johnson, Blind Lemon Jefferson, Big Bill Broonzy e Lonnie Johnson (tecnicamente il più rilevante e swing-jazzy). Dunque T-Bone ha tratto da questi (ed eventualmente da altri) la basilare lezione blues. Giova rammentare che suonavano tutti la chitarra acustica.

tarrista è posizionato nel punto della sua massima espressione artistica (ad esempio Jeff Beck, nato chitarristicamente nei '60, è posto a metà anni '70).

Dopo tale inquadramento di massima con le intercorrelazioni tra questi magnifici chitarristi, se si vogliono ottenere delle più precise informazioni del loro individuale linguaggio, tanto schematiche quanto dettagliate nella loro sintesi, si può andare *(al capitolo successivo)* nelle schede con i 7 parametri musicali che orientano le loro tracce denotative e connotative. Questo, oltre ad essere alquanto originale (e quindi va dedicato qualche minuto per comprendere il suo piccolo meccanismo), ritengo sia utile per avere tanto rapidamente quanto accuratamente le loro principali caratteristiche.

Nel diagramma dei flussi di relazioni dobbiamo tenere conto che se un chitarrista è relativo a un altro, lo è parzialmente e certamente non in tutte le sue espressioni denotative e connotative (sarebbe stato un emulo). Infatti, ad esempio, Hendrix ha influenzato sia Page sia Beck: Page ha mutuato (rielaborando) da Hendrix la parte più elegante e misurata e quella più blues, mentre Beck (rielaborando) ha assunto l'uso della chitarra come strumento emettitore di suoni inusitati mediante la leva vibrato, gli effetti elettronici e "tocchi" non ortodossi.

Per converso però va considerata anche una sorta di proprietà transitiva: se ad esempio McLaughlin è influenzato da Hendrix e Santana, egli può trasmettere quei caratteri (da lui rielaborati) ai chitarristi sui quali esercita influenza.

Altresì va rammentato che le relazioni prese in esame sono solo tra i ventotto chitarristi, pertanto ciò significa che alcuni di loro potrebbero esser stati parzialmente influenzati da altri non presenti tra quelli ritenuti essenziali.

D'altra parte le correlazioni tra i chitarristi non sono da intendersi necessariamente in modo diretto: talvolta potrebbero rintracciarsi degli importanti elementi di un chitarrista in un altro, ma non è detto che il secondo abbia direttamente subito quell'influsso. Un esempio potrebbe essere Hendrix: chissà se ha mai ascoltato Gabor Szabó[4], tuttavia ci sono alcuni considerevoli fattori di questi nel suo suonare *(vedi approfondimento a pag. 77)*.
Alcuni chitarristi dell'area Jazz sono stati ispirati anche da altri strumentisti (fiatisti, pianisti ecc.), ne consegue per questi un'importante ma non completo riferimento (ad esempio Metheny).

È necessario qualche chiarimento sulla scelta di adottare una percentuale numerica per rappresentare i generi musicali e le connessioni tra loro mediante i chitarristi.

Va innanzitutto considerato che **i generi sono delle sintesi degli elementi musicali che li contraddistinguono** e che sono pertanto musicologicamente analizzabili[5]. Quattro sono i generi basilari per i nostri chitarristi solisti: Classica, Jazz, Blues e Rock (con in più, solo per il Jazz, una connotazione stilistica: *Fusion*). Naturalmente tra loro ci sono delle confluenze nelle quali i chitarristi hanno variamente abitato, e perciò per descrivere il tutto invece di impiegare moltitudini di aggettivi magari con superlativi, diminutivi ecc., abbiamo usato dei numeri, ritenendo abbiano una

---

[4] E' molto probabile che ciò sia avvenuto, visto nel Giugno del 1967, un ancora poco noto Jimi Hendrix, con la sua Experience, apriva i concerti di Gabor Szabó al Fillmore West di San Francisco.
[5] L'analisi delle caratteristiche dei generi musicali è trattata nei libri *Viaggio all'interno della Musica* e *Piccolo Glossario Sinottico Musicale*.

capacità di sintesi ben più immediata.

Questi numeri non vanno intesi però in modo rigido né, appunto, al centesimo, ma "all'incirca". Insomma, **le percentuali sono in ogni caso da considerare delle approssimazioni di comodo**.

Pertanto quando appresso si legge che il Jazz ha il **5%** di Blues va inteso come una sintetica traduzione di *"in assoluto il Jazz ha una **piccolissima quota** di Blues"*, ovvero di ciò che lo caratterizza (il numero poteva essere 2-3 o 7-8): tre o quattro accordi di settima che si succedono in un breve ciclo (quasi sempre di dodici misure e nella stessa sequenza) con minimali melodie edificate perlopiù sulla scala pentatonica.

Questo non significa che non ci siano artisti e brani di chiara ascendenza Jazz che abbiano ben più di quella piccola quota di Blues. E quando si vede collocato Hendrix, tra gli assi Rock e Rock Blues e più sotto a mo' di esempio coerentemente si legge abbia *45% blues, 45% rock, 5% classica e 5% jazz*, va inteso come: Hendrix ha in stragrande maggioranza fattori rock e blues (divisi all'incirca equamente) e pochissimi classici e jazz.

> Dalla descrizione dei generi musicali delle pagine precedenti e delle successive potrebbe sembrare che il **Jazz** sia un genere del tutto indipendente, originale. Non è così.
> Sorto all'alba del Novecento, il Jazz è il più alto e sofisticato esito di una costellazione di forme musicali che nell'Ottocento sono fiorite negli USA per opera di generazioni di africani deportati, interagendo con la cultura americana che a sua volta era europea (segnatamente inglese, ma anche francese e spagnola). Worksong/spiritual e Ragtime furono tra le forme più importanti per la costituzione del Jazz.

Infatti, se si considera che gli spiritual sono influenzati dagli inni e canti sacri europei (segnatamente i responsoriali Alleluia), e il ragtime (col cake-walk) da minuetti, polche e mazurche ottocentesche con quadriglie di discendenza sempre europea (contraddanza) del '700, non si può che considerare del tutto reciproco l'intero rapporto musicale afro-americano, nero-bianco.

Il **Blues** (che è coevo al Jazz) è la consecutiva semplificazione individualistica dei corali e più articolati worksong/spiritual e indubbiamente ci fu ulteriore reciprocità d'influenze tra i neonati Jazz e Blues (come il riffeggiante boogie-woogie che è la trasposizione estremamente semplificata del ragtime), ma ciò non lega indissolubilmente i due generi: seppur dalla medesima montagna e con mutue ascendenze, ci può essere del Jazz senza Blues (e boogie-woogie) e viceversa. Fiumi che scorrono paralleli...

Insomma, il Jazz ha al suo interno delle matrici bianche, fu il frutto di una fusione tra la iper armonica musica di origine europea, sofisticatissima musica da salotto borghese e sala da concerto, le rustiche semplificazioni americane e l'arricchimento di ciò che ne trassero i neri ex africani, che infusero una vitalità innovativa improntata su flessibilità ritmico-intonative fino ad allora sconosciute.

CARLO PASCERI

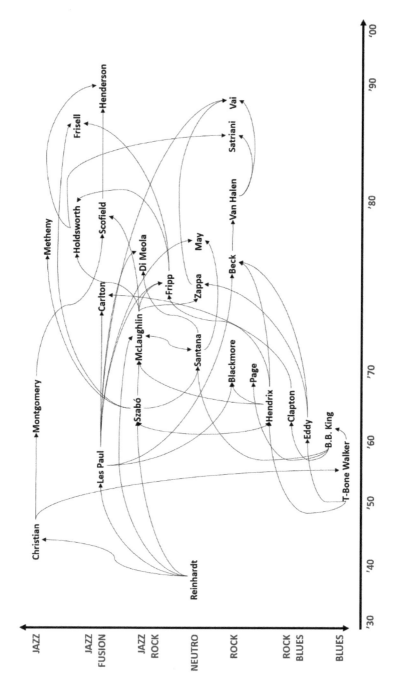

NEUTRO implica elementi dei generi musicali **CLASSICA, BLUES, JAZZ** e **ROCK** (con i suoi derivati quando storicamente presenti) miscelati equamente. Dunque abbiamo in linea di massima **25% x 4** per i chitarristi su quest' asse. Reinhardt, vissuto prima dell' avvento del Rock è un' eccezione sotto molti punti di vista: prettamente acustico (e quindi in teoria fuori dal contesto di questo libro – come spiegato nel capitolo successivo) ha anche pochi elementi Blues. Quindi nel suo caso le percentuali sono 55 jazz - 40 classica - 5 blues. Scendendo nell' asse, sotto il Neutro, prevale il Rock e successivamente l' elemento Blues. Salendo, invece, verso l' alto aumenta man mano la quota di Jazz a scapito degli altri generi. Altra eccezione è Les Paul, anche lui vissuto nell' era pre-Rock. Nel suo caso la percentuale si ridistribuisce equamente sugli altri generi e quindi circa 54 jazz- 23 classica -23 blues.

JAZZ = 95% jazz, 5% blues. (Metheny: 85% jazz, 10% classica, 5% blues.)

JAZZ Fusion = 50% jazz, 25% rock; 10% classica; 15% blues. (Holdsworth e Frisell: 55% jazz, 25% rock, 10% classica, 5% blues.)

JAZZ-ROCK = 40% jazz, 25% rock, 25% classica, 10% blues. (Szabó, McLaughlin e Di Meola: 45% jazz, 25% rock %, 25% classica, 5% blues.)

ROCK = 45% rock, 25% blues, 25% classica, 5% jazz. (Page 45% rock; 30% blues; 20% classica; 5% jazz)

ROCK BLUES = 70% blues, 20% rock, 5% classica, 5% jazz. (Hendrix: 45% blues, 45% rock, 5% classica, 5%; jazz.)

BLUES = 95% blues, 5% jazz. (B.B. King 90% blues, 5% rock %, 5% jazz.)

Strategie e tattiche dei solisti
I sette parametri musicali

Ho avvertito l'esigenza di sintetizzare le caratteristiche che svelano le strategie e le tattiche usate negli assoli dai chitarristi più importanti, per meglio avere consapevolezza di come questi si inseriscono nel grande affresco musicale e confrontarli tra loro. Così, quasi con un colpo d'occhio, si ha più chiara la situazione (seppur con i limiti imposti proprio dall'istituto della schematizzazione). La cognizione delle "cose musicali" è necessaria oggi ancor più di ieri perché i dati che si ottengono per mezzo di suggestioni non sempre fondate, portano sia a schematizzazioni stilistiche di genere (Jazz, Rock, Blues ecc.) limitate e limitanti sia a confusioni variegate dettate da impressioni emotive che non attengono a precise realtà musicali: ciò fa smarrire la giusta prospettiva musicale. Allora con una visione inter generi abbiamo contezza di come questo o quel chitarrista si stagli in assoluto e in relazione ad altri suoi colleghi. Le schematizzazioni sono basate sul segmento temporale più importante del chitarrista preso in esame in senso assoluto, ossia come risultati artistici (chitarristici) raggiunti nel corso della carriera: ad esempio Carlos Santana è preso in esame nel suo massimo fulgore pertanto per tutti gli anni settanta fino ai primissimi ottanta, non nelle decadi successive...

I 7 parametri che coinvolgono questa serie di schematiche stime stilistiche dei chitarristi elettrici più significativi sono: Timbro Elettrico, Urla, Velocità, Scelte Armolodiche, Ritmo, Dinamica e Plus Melodico.

Il ***Timbro Elettrico*** è da considerare appunto il fattore di elettrificazione della chitarra, con tutto quello che ne consegue in termini timbrici quindi a livello tecnico (ossia quante variabili coloristico-tonali si possono ottenere dalle varie tecniche), e la loro attuazione musicale. Pertanto i + che, a volte, sono aggiunti alla valutazione (in massimo di 2), sono delle ulteriori addizioni che prendono in esame l'utilizzo intensivo di: tocco, che determina variazioni timbriche importantissime, leva vibrato, bending, sustain-feedback e device elettronici vari, che stabiliscono l'enorme differenza che esiste tra chitarre acustiche ed elettriche.

Le ***Urla*** sono l'esacerbato sfruttamento del registro più alto della chitarra elettrica che cattura l'attenzione e avvince emotivamente, a causa di un chiaro rapporto di somiglianza sonica con il tono dell'umano grido.

La ***Velocità*** è l'esacerbato sfruttamento della capacità di suonare rapidamente le note.

Le ***Scelte Armolodiche*** sono delle peculiari scelte di successioni di note da suonare derivate da scale o arpeggi, e sovrapposte appunto ad accordi o riff.

Il ***Ritmo*** è la capacità di suonare soventemente con durate e pause diverse tra loro intessendo perciò architetture musicali peculiari.

La ***Dinamica*** è la capacità di suonare con intensità variabile da pianissimo a fortissimo anche nell'articolazione di una semplice frase melodica di pochissime note (dunque in un ridotto periodo temporale).

Il **Plus Melodico** è quella capacità di ottenere una sequenza di poche note (di solito meno di 10), ponderate tra lo scorrere scalare formato perlopiù da intervalli di seconde (semitoni e toni), e i movimenti di distanze frequenziali relative più ampie, quindi da intervalli perlopiù di terze, quarte e quinte, come quelli formanti gli accordi più comuni. Queste sequenze di note sono suonate con ritmi (durate diverse e articolate), quindi disseminate di pause; ne deriva che per essere melodici non basta connettere poche note nel tempo (suonare lenti e scalari), ma vanno ricercati collegamenti di note peculiari, altrimenti si è solo *cantabili* (stesso concetto di orecchiabile ossia una linea di note, spesso non molte e ripetute, perlopiù ponderata nello scorrere scalare diatonico cioè a gradi congiunti).

Nelle schede dei chitarristi sono elencati appunto i parametri che li caratterizzano sia in positivo (+) sia in negativo (-), ossia quando quel parametro è molto presente o poco presente, quindi non prevede valutazioni di merito; laddove il parametro non è menzionato, questo, in termini di qualità e quantità, è da considerare come presenza neutra perciò non peculiare nella stima dello stile del chitarrista.

Comunque va anche considerata la relatività temporale di ciascun chitarrista: si va da Reinhardt attivo dagli anni'30/'40 del '900, a Henderson di fine millennio; ne consegue che, a fronte delle strumentazioni a disposizione, in particolare il Timbro Elettrico, la velocità e le urla non possono essere degli assoluti. Oltre a questi parametri tattici, appena dopo il nome del chitarrista abbiamo pure la strategia di questi nell'esprimere un'improvvisazione solistica attraverso un concepimento quindi una realizzazione dei suoi percorsi melodici in relazione alle armonie sottostanti: IN, OUT, Verticale, Orizzontale. *(Per un approfondimento vedere il capitolo relativo ai Percorsi Melodici.)*

Django Reinhardt
IN Verticale
(+) Velocità / Scelte Armolodiche / Ritmo / Dinamica / Plus Melodico
(-) Timbro Elettrico
('30/'40)

Charlie Christian
IN Orizzontale e Verticale
(+) Ritmo / Dinamica
(-) Timbro Elettrico / Urla
('40)

Les Paul
IN Orizzontale e Verticale
(+) Timbro Elettrico ++ / Velocità / Ritmo / Dinamica / Plus Melodico
('50)

T-Bone Walker
IN Orizzontale
(+) Dinamica
('50)

(Riley) B.B. King
IN Orizzontale
(+) Timbro Elettrico / Ritmo/ Dinamica
(-) Velocità
('50/'60)

Duane Eddy
IN Orizzontale
(+) Timbro Elettrico / Ritmo / Plus Melodico
(-) Velocità
('60)

Wes Montgomery
IN Orizzontale e Verticale
(+) Ritmo / Dinamica / Plus Melodico
(-) Timbro Elettrico
('60)

Gabor Szabó
IN Orizzontale
(+) Timbro Elettrico / Ritmo / Plus Melodico
('60)

Eric Clapton
IN Orizzontale
(+) Timbro Elettrico / Dinamica
(-) Velocità / Scelte Armolodiche
('60/'70)

Jimi Hendrix
IN Orizzontale
(+) Timbro Elettrico ++ / Urla / Ritmo
('60)

Carlos Santana
IN Orizzontale
(+) Timbro Elettrico + / Ritmo / Dinamica / Plus Melodico
('70)

Frank Zappa
IN Orizzontale
(+) Timbro Elettrico + / Ritmo / Dinamica
('70)

Jimmy Page
IN Orizzontale
(+) Timbro Elettrico + / Dinamica / Plus Melodico
('70)

Jeff Beck
IN Orizzontale
(+) Timbro Elettrico ++ / Ritmo / Dinamica
('70)

Ritchie Blackmore
IN Orizzontale
(+) Timbro Elettrico +
('70)

John McLaughlin
(IN Orizzontale e Verticale)
(+) Timbro Elettrico + / Urla / Velocità / Dinamica / Scelte Armolodiche
('70)

Robert Fripp
IN & OUT Orizzontale
(+) Timbro Elettrico / Ritmo
(-) Dinamica
('70)

Brian May
IN Orizzontale e Verticale
(+) Timbro Elettrico ++ / Plus Melodico
('70)

Al Di Meola
IN Orizzontale
(+) Timbro Elettrico / Velocità / Ritmo / Dinamica
('70)

EROI ELETTRICI

Larry Carlton
IN Orizzontale e Verticale
(+) Timbro Elettrico + / Dinamica
('70/'80)

Pat Metheny
IN & OUT Orizzontale e Verticale
(+) Urla / Velocità / Scelte Armolodiche / Dinamica /
Plus Melodico
('70/'80)

Allan Holdsworth
IN & OUT Orizzontale e Verticale
(+) Velocità / Scelte Armolodiche
(-) Ritmo / Dinamica / Plus Melodico
('70/'80)

John Scofield
IN & OUT Orizzontale e Verticale
(+) Timbro Elettrico + / Scelte Armolodiche / Ritmo
/ Dinamica
('70/'80)

Van Halen
IN Orizzontale
(+) Timbro Elettrico ++ / Urla
(-) Dinamica / Plus Melodico
('70/'80)

Bill Frisell
IN & OUT Orizzontale
(+) Timbro Elettrico ++ / Urla / Ritmo / Dinamica / Plus Melodico
('80/'90)

Joe Satriani
IN Orizzontale
(+) Timbro Elettrico + / Urla / Velocità
(-) Dinamica
('80/'90)

Steve Vai
IN Orizzontale
(+) Timbro Elettrico + / Urla / Ritmo / Velocità
(-) Dinamica
('80/'90)

Scott Henderson
IN & OUT Orizzontale e Verticale
(+) Timbro Elettrico + / Urla / Velocità / Scelte Armolodiche
('80/'90)

In chiusura di questo capitolo è utile ricordare che, anche se ciascuno dei nostri pilastri aveva le proprie radici musicali (Classica o folcloristica che fosse) a cui far riferimento, tra gli anni '20 e '30 del '900 sono state poste le solide basi sulle quali si sono poggiati tutti.

Si è instaurata una specie di nuova tradizione (americana) cui tutti hanno attinto.

I più importanti riferimenti si possono individuare in tre nomi precisi e un intero movimento musicale importato negli Stati Uniti: Eddie Lang, Lonnie Johnson (prodromo artista trait d'union tra Blues e Jazz[6]) e Robert Johnson, insieme con la musica folcloristica della Gran Bretagna e irlandese (la tradizione dai loro balli e ballate).

Rammentiamo rapidamente che nei primi secoli dopo l'anno mille la musica polifonica inglese rispetto a quella europea, italiana e francese in particolare, si stava sviluppando in maniera differente: meno raffinata ed elegante, più semplice e immediata, più popolare e legata alle danze (ancor più la discendenza scozzese, gallese e irlandese). Questo non era sintomo di arretratezza ma solo un modo di fare musica più spontaneo, altresì a ciò corrispondeva un uso innovativo d'intervalli ritenuti dalla musica europea dissonanti, cioè le terze e le seste: fino allora (XII secolo) erano usate soprattutto ottave e quinte (più raramente quarte), che offrivano una olimpica distensione... con terze e seste la musica diventava ben più dinamica e incisiva.

Dunque la musica dei coloni in terra americana a mano a mano è stata sempre più il frutto della fusione tra la scuola inglese (e irlando-scozzese) con le loro gighe e ballate cantate, violino "fiddle", chitarre acustiche, e il residente Blues americano (con alcuni nuovi strumenti e tecniche come il banjo e lo slide). Nacque così un nuovo genere musicale americano con differenti coniugazioni

---

[6] Lang e Johnson hanno pure suonato assieme, registrando qualche brano come *Handful of Riffs*, *Hot Fingers*, *Have to Change Keys*.

stilistiche (hillbilly, bluegrass e country, a loro volta con ulteriori declinazioni stilistiche). Di qui discesero direttamente il boogie e poi il Rock'n'Roll; e tanti chitarristi (Duane Eddy). Pertanto importante riferimento fu il vocale e accordale Blues di Robert Johnson (naturalmente lui è solo il nome di punta), con la sua tecnica slide mediante bottleneck (cilindretto posto tra le dita della mano sinistra: facendolo scivolare tra le corde aiutava a imitare i glissati della voce), e i suoi turnarond (cadenze armoniche soprattutto poste alla fine del "giro").

Poi c'erano le straordinarie linee solistiche di Alonzo "Lonnie" Johnson con la sua chitarra acustica: agili e ricche, che soprattutto connettevano musicalmente le pause tra una strofa e l'altra del cantato; e quelle ancor più agili e ricche di Eddie Lang che ulteriormente fu il genitore dei chitarristi solisti jazz, anche lui chitarra acustica (quella elettrica ancora non c'era).

Insomma questi hanno direttamente influenzato alcuni loro successori come Elmore James, Lightnin' Hopkins e Muddy Waters (tanto per citare alcuni tra quelli più famosi e ortodossi e meno solisti), e quelli considerati i nostri pilastri solisti elettrici come Django Reinhardt, Charlie Christian, Les Paul, T-Bone Walker e Duane Eddy.

Peraltro Django ha suonato solo in seguito ('40/'50) la chitarra elettrica (e non in modo così differente da come suonava la sua acustica), ma è stato inserito in questa disamina a fronte del suo incomparabile contributo allo sviluppo della chitarra solista.

I 28 chitarristi essenziali

Ad ognuno dei 28 eroi elettrici è dedicata una scheda-profilo. In calce a ogni scheda c'è una limitata ma basilare antologia dei brani che contengono i loro assoli più significativi a livello cronologico. Invariabilmente la moltitudine di ascoltatori, appassionati, fan e finanche musicisti, avranno altri pezzi in mente, e soprattutto nel cuore... Ecco, invece ho usato parametri che più possibile rifuggono innanzitutto l'emotività (doveroso per ogni critico). Dunque ho applicato principi che, in estrema sintesi, si riassumono nell'individuazione analitica di quote di originalità sia nella sostanza (le note in sé) che nella forma (l'articolazione tecnico-espressiva), altresì amalgamandole in un profilo cronologico. D'altronde proprio rapportando questi particolari dati musicali e storici si possono sintetizzare gli effettivi valori degli artisti ed esprimere giudizi in un quadro generale.

Va inoltre considerato che in questa sorta di essenza antologica (circa una decina di pezzi) di ogni chitarrista sono stati selezionati interventi per quanto possibile differenziati in quanto a tipologia e, tra quelli di pari significanza, preferiti i primi, cioè i "modelli" primigeni.

Un lapalissiano esempio è in Santana: è citato Samba Pa Ti e tralasciati i sette od otto simili susseguenti a cominciare dalla perla

Song Of The Wind (Europa dal vivo è sì citata, ma per motivi differenti)...

Tuttavia per Brian May, a fronte dell'eccezionalità delle sue orchestrazioni di chitarre elettriche, è citato più di un brano con quelle sue inaudite costruzioni piramidali, poiché cosa più che rara (peraltro lui stesso dopo il 1978 non le ha più erette così: Dreamer's Ball fu l'ultimo pezzo del genere).

Django Reinhardt

CHRISTIAN
LES PAUL
SZABÓ
MCLAUGHLIN

Di origine belga, è un artista che non ha né precedenti né successivi; se non frammentati in migliaia di importanti musicisti che, influenzati più o meno direttamente da lui, hanno "preso" almeno qualcosa dalla sua arte musicale.
Reinhardt è il primo vero grande solista della chitarra (jazz), già a metà degli anni '30 s'impose all'attenzione per il suo stile brillante e innovativo, che costrinse gli stessi americani a prenderlo in serissima considerazione e invitarlo a suonare con loro. Il suo repertorio era vastissimo: brani modali, tonali, blues, esotici, classici...
Era un inesauribile e ispiratissimo improvvisatore di musica, che fosse costituita di linee allo stesso tempo serrate ed espressive o variazioni di motivi melodici cantabili e vibranti, che Reinhardt spesso riuniva in un unico assolo. Era un virtuoso non soltanto per alcune velocissime linee che eseguiva, ma soprattutto per il diffuso uso di molte tecniche: attacco netto e varietà ritmica, vibrato e legato, bending, pull off e pull on, note ribattute, trilli cromatici, armonici, accordi di collegamento, raddoppi in ottava. Erano diventati suoi cliché, che in ogni caso Reinhardt applicava sfruttandoli

per conseguire non un'esibizione di destrezza strumentale fine a se stessa, ma una struttura, un'architettura musicale complessa e sofisticata, mai gratuita e sempre funzionale, perché mai carente dell'essenza melodica insita (per quanto tangente e non esplicita potesse a volte essere).

Reinhardt aveva variegati riferimenti musicali: Bach, Eddie Lang, Louis Armstrong, Coleman Hawkins, Paganini, Duke Ellington, Listz. Django ha fuso questi (e altri) in un originalissimo, lussureggiante e arabesco stile nelle linee che ideava ed eseguiva andando, alla fine, sempre al nocciolo melodico del brano che suonava: aveva un'incredibile e unica capacità di controllo della sua continua oscillazione sia nel trascendere il pezzo che stava suonando sia di starci dentro ed esprimerlo con innumerevoli variazioni ed essere sempre riconoscibilissimo. Ovvero riusciva allo stesso tempo sia a suonare, per mezzo della sua geniale musicalità (e cliché tecnici messi a punto), cose che erano bellissime e musicali a prescindere dal contesto in cui erano inserite, si reggevano in piedi da sole, sia a parafrasare le melodie e le armonie dei brani attraverso espansioni e contrazioni di questi elementi e fattori, interpretandone la loro presenza, incrementandone la loro realtà con immaginazione e tecnica. Duttilità totale e quindi sorprendente espressione, mediante brevissime frasette ma anche ampi archi melodici; il flusso musicale poteva essere reso discontinuo in qualunque momento per mezzo di tutto questo enorme armamentario di cui Reinhardt era in pieno possesso.

Quello che tuttora contraddistingue Django è il prodigioso mix tra la sua vena folk-modale con la conseguente forza puramente melodica-orizzontale e il suonare in netta prevalenza brani di impianto tonale (con i chorus di giri di accordi) che suggeriscono a lui soluzioni più armoniche-verticali.

Il Prometeo dei chitarristi solisti, questo è stato Django Reinhardt. (Reinhardt ha composto pure alcuni brani notevoli nei quali troviamo naturalmente i suoi variegatissimi assoli.)

I MIGLIORI ASSOLI

1935 - *Djangology*
1936 - *Minor blues*
1936 - *Oriental Shuffle*
1936 - *Swing Guitars* (uso bending e ottave)
1937 - *Minor Swing*
1937 - *Bolero*
1937 - *In a Sentimental Mood* (esposizione tema con parafrasi)
1938 - *Appel Direct*
1938 - *Nocturne*
1940 - *Nuages*
1941 - *Crépuscule*
1943 - *Blues Chair* (ostinati, accordi a mo' di sezione fiati, armonici, cluster).
1947 - *Manoir Des Mes Reves*
1952 - *Fleche d'Or*

Charlie Christian

Tra i primissimi a usare la chitarra elettrica, è riconosciuto come il padre fondatore della "moderna" chitarra jazz. Il suo fraseggio perlopiù a note singole, pur risentendo della grandissima lezione di Django Reinhardt, è focalizzato su alcuni punti non messi in evidenza da Django: inflessioni più bluesy, più bending, meno note e con più sostegno; quindi un fare musica meno veloce e virtuosistico, meno serrato e più rilassato ed essenziale, con un'articolazione più dolce e rotonda, meno rigoglioso e decorativo e più austero, più vicina alla grande scuola dei jazzisti (trombettisti, sassofonisti ecc.) suoi contemporanei (in particolare Lester Young).

Di solito i suoi assoli sono molto brevi, uno o due chorus (giri) basati su blues, rhythm changes e brani-riff, pertanto si differenzia come repertorio da quello di Reinhardt, e svilupperà in soli quattro anni un linguaggio pre-bebop che sarà transizione fondamentale tra lo stile swing e appunto il be-bop. Charlie Christian, alquanto schematico ma con eccezionale swing, ha messo a fuoco in maniera formidabile quegli elementi che gemmeranno in pratica

in tutti i grandi solisti di chitarra jazz e dintorni: il suo sviluppatissimo senso della microdinamica nell'articolazione delle singole note nelle sue brevi frasi, quello stare sul tempo così rotondo a cavallo della scansione principale e quell'incisiva ritmica motivica/riff sono gli elementi che più lo caratterizzano.

(Charlie Parker e Dizzy Gillespie dopo pochissimi anni porteranno alle estreme conseguenze queste indicazioni, riconducendo al centro dell'attenzione il senso virtuosistico e ornamentale di Reinhardt, seppur con diverso stile; viceversa nel soul-jazz dei '50/'60 si riprenderà il concetto di cantabilità dei temi e assoli e qualche stilema presente nel pre-bebop.)

I MIGLIORI ASSOLI

Con Benny Goodman
1939 - (78 giri): *Seven Come Eleven*
È un rhythm changes nel quale Christian, principia con un motivetto, per poi distendersi in piccole frasi, arrivando a tirare (1'12") qualche nota (bending).
1939 – (EP 45 giri): *Stardust*
Pacata canzone nella quale oltre a principiare l'assolo con accordi, Christian si distende in frasi cantabili.
1940 - (78 giri): *Gone With "What" Wind*
Blues ove Christian entra con un bending e motivetto, prosegue (1'00") con un fluido ed elegante fraseggiare che denota padronanza dello swing.
1941– (78 giri): *Solo Flight*
Suo grande show case, sorta di *Concerto per chitarra elettrica e Big band* (probabilmente il primo del genere), nel quale compendia ed estende benissimo molte delle sue caratteristiche stilistiche indicate nel testo, immettendo anche qualche accenno a ottave (1'20"), accordini (1'24") e cluster (2'36").

Comunque, considerata la penuria di pezzi, segnaliamo che da oltre venti anni, seppur in modo un po' disordinato, sono state pubblicate alcune interessanti registrazioni di jam session, alternate take, ecc. (*The Genius of the Electric Guitar* o *Session Live at Minton's Playhouse*) nelle quali si può notare un Charlie Christian ancor più sciolto affabulatore o in ogni caso con qualche apprezzabile differenza.

Les Paul

Non solo chitarrista, anche inventore, nasce il 9 giugno 1915 a Waukesha, Wisconsin. È famoso per aver contribuito al progetto e alla realizzazione (insieme con il team di Ted McCarty) del modello di punta, che porta il suo nome, della chitarra elettrica solid body di casa Gibson, prodotta poi nel 1952: a oggi la Gibson Les Paul, insieme con la Fender Stratocaster, è la chitarra elettrica più nota al mondo. Nei primi anni '50 i suoi esperimenti pionieristici con nastri e registratori lo portarono a realizzare il primo registratore a otto canali (Ampex) che consentiva di "incidere" su nastro le tracce, ma non tutte necessariamente in modo simultaneo: le sue registrazioni con la allora moglie, la cantante e chitarrista Mary Ford, sono state le prime a fare uso della tecnica di sovraincisione (multitraccia).

Les Paul dimostrò sul campo cosa e come quella tecnologia poteva consentire di ottenere: una rivoluzione del campo musicale, anche nel particolare trattamento delle linee chitarristiche: doppiate, triplicate, armonizzate, velocizzate. Chitarrista di discendenza reinhardtiana, dopo essersi messo in luce nei '40, ha saputo

ritagliarsi una fetta di immortalità pure come musicista e strumentista, a fronte del suo stile fantasioso ma rigoroso, rapsodico e cantabile, un po' jazz e un po' country/boogie, molto d'impatto, alternando, spesso senza soluzioni di continuità, velocissime linee, *sweep* ("spazzolamenti" sulle corde spesso per arpeggi), *double-stop*, accordi, effetti sonori sia meccanici (rapidissimi trilli e scivolamenti sulla tastiera) sia elettronici, che cavassero pure risultati onomatopeici. Insomma Les Paul fu inesauribile nell'esplorare e realizzare linee e strati sonori che fossero al contempo funzionali musicalmente ma anche d'effetto e sorprendenti, realizzando gustose e incisive musiche virtuosistiche di elevato rango per chitarra elettrica: un chitarrista-orchestra.

Jeff Beck, Al Di Meola, Richie Blackmore, Robert Fripp, Larry Carlton, Brian May e Steve Vai: questi sono i chitarristi più importanti direttamente debitori di questo eccezionale uomo di musica.

I MIGLIORI ASSOLI

1945 – (78 giri): *Dream Dust*
1945 – (78 giri): *Spellbound (con Helen Forrest)*
1946 – (78 giri): *Blue Skies*
1952 – (78 giri): *Bye Bye Blues*
1952 – (78 giri): *Mammy's Boogie* (solo con chitarra trattata elettronicamente)
1953 – (78 giri): *I'm Sitting on Top of the World*
1953 – (78 giri): *Deep in the Blues*
*Episode #1 / #2 / #3 (*Suite show case per programmi televisivi '49-'50 ove sono immesse un po' tutte le soluzioni musicali ed elettroniche di Les Paul anche per le voci).

T-Bone Walker

Punto d'incontro elettrico tra il Blues e il Jazz, T-Bone è il riferimento del blues moderno: da Chuck Berry a B.B. King da Eric Clapton a Jimi Hendrix e quindi i loro epigoni, debbono a lui tanto.

Nato nel 1910, fu attivo sin dalla fine degli anni Venti; le cose più importanti Walker le fece tra la fine degli anni Quaranta e i Cinquanta. Morì nel 1975.

Dunque visse tutto il trapasso tra la piena acusticità della musica e l'inizio elettrizzante di essa, che lui contribuì grandemente a rendere tale. Walker racconta che l'epifania del Blues l'ebbe nella prima infanzia, quando la madre usava cantare dopo averlo addormentato: *"Mi piaceva così tanto sentirla che fingevo di addormentarmi subito per poter ascoltare i suoi blues"*.

Unì il piegare le note tipiche del Blues, l'insistere con alcuni lick, con un sontuoso fraseggio costruito su un lessico che andava oltre la scala pentatonica e teneva conto anche degli accordi che scorrevano; tutto ciò con un impeccabile swing.

Da considerare che T-Bone, come tutti i chitarristi pre-metà anni

'60, suonava la chitarra elettrica "pulita" senza alcuna saturazione che permettesse non solo l'aggressività propria del suono ma quel sostegno (sustain) "canterino" delle note. In ogni caso T-Bone aveva un formidabile attacco delle note insieme con un'agile articolazione espressiva; qua e là immetteva pure accordi di passaggio per "speziare" di Jazz il suo Blues.

Inoltre T-Bone Walker ha inaugurato quel fare chitarristico funambolico, con atteggiamenti spettacolari un po' circensi (gesti, balletti, spaccate, suonava con la chitarra dietro la testa) che tanto poi è stato ripreso dai chitarristi rock nei decenni successivi.

I MIGLIORI ASSOLI

1946 – (78 giri): *No Worry Blues*
1948 – (78 giri): *I'm Waiting For Your Call*
1948 – (78 giri): *First Love Blues*
1949 – (78 giri): *On Your Way Blues*
1949 – (78 giri): *Go Back to the One You Love*
1949 – (78 giri): *Wise Man Blues*
1949 – (78 giri): *Description Blues*
1955 – (78 giri): *Papa Ain't Salty*
1959 – da T-Bone Blues: *Call it Stormy Monday*
1959 – da T-Bone Blues: *Two Bones and a Pick*
1959 – da T-Bone Blues: *How Long Blues (con Barney Kessel)*

(Riley) B.B. King

Riley King Blues Boy ha filtrato la lezione di T-Bone Walker ricorrendo a un suono più pieno e saturo pertanto con più sostegno, tirando (*bending*) spesso le corde. Questo gli ha permesso di articolare le frasi in modo più vocale, talvolta con un particolare vibrato; qualità vocale e canterina che fu una vera e propria svolta che tanto ha influenzato i chitarristi elettrici suoi contemporanei e discendenti. Ha fornito le basi fondamentali di tantissimi successori che hanno consapevolmente o no attinto da lui.
L'evoluzione passa pure attraverso un più parco ricorso a frasi fatte (lick), uso di più pause, e in alcuni brani un quasi continuo inframezzare le strofe cantate (da lui) con brevissime risposte chitarristiche. In ogni caso il registro usato corrisponde a quello medio della sua voce, quasi mai in basso o in alto, una vera e propria estensione del suo canto. Perciò una specializzazione sia in tal senso sia quando egli prendeva più spazi per veri e propri assoli: pur possedendo un ottimo swing ereditato dalla scuola T-Bone, B.B. King era allo stesso tempo incisivo e disteso in piccole curve melodiche; quasi esclusivamente linee a note singole, raramente

doppie, mai accordi. Tuttavia il suo lessico (scelta di note) era piuttosto ricco, viceversa i suoi successori soprattutto nell'ambito (Rock) Blues lo hanno tendenzialmente ridotto: a fronte dell'aumento della distorsione del suono si sono approfittati di questa caratteristica di aggressività e sustain ricorrendo ad artifizi di grande impatto.

I MIGLIORI ASSOLI

1950 – (78 giri): *B.B.'s Boogie*
1952 – (78 giri): *Some Day Some Where*
1954 – (45 giri): *Whole Lotta Love* (rarissime escursioni registro in alto e double-stop)
1954 – (45 giri): *The Woman in Love*
1955 – (45 giri): *Shut Your Mouth*
1956 – da Singin' the Blues: *Bad Luck*
1956 – da Singin' the Blues: *Blind Love*
1956 – da Singin' the Blues: *Crying Won't Help You*
1956 – da Singin' the Blues: *Sweet Little Angel*
1956 – da Singin' the Blues: *Ten Long Years*
1956 – da Singin' the Blues: *Three O'Clock Blues*
1957 – da The Blues: *Early Every Morning*
1957 – da The Blues: *I Want to Get Married*
1957 – da The Blues: *That Ain't the Way to Do It*

Wes Montgomery

In modo semplice e incisivo, come lo stile di Wes: ci sono state due scuole stilistiche principali della chitarra jazz, quella bianca e quella nera. Quella bianca più rapsodica, virtuosistica e intellettuale, e quella nera più blues-swing espressiva.
Da una parte Eddie Lang, Django Reinhardt, Billy Bauer e a seguire tutti gli altri grandi, e dall'altra Charlie Christian (fine anni '30 inizio '40) e il suo straordinario epigono: Wes Montgomery (fine anni '50 gran parte dei '60); poi a seguire George Benson ecc. Naturalmente c'è stata una pletora di grandi chitarristi sia di colore sia bianchi che hanno fuso queste due grandi correnti stilistiche, fondando a loro volta altre tendenze e aprendo quindi nuovi scenari.
Wes Montgomery è stato quello che a oggi può essere considerato il chitarrista jazz definitivo, l'assoluto riferimento di quella corrente stilistica blues-swing.
Ciò a fronte di una meravigliosa attitudine alla sintesi dei vari elementi ritmici, armonici e melodici; aveva pure un timbro molto definito, chiaro ma allo stesso tempo ampio e avvolgente (anche

perché suonava senza plettro, con il pollice).

Montgomery nelle sue improvvisazioni, oltre a una prodigiosa capacità di disegnare numerose e superbe linee melodiche, aveva eccezionali doti di dinamica e abilità di stare sul tempo, nel senso che sapeva tanto swingare quanto astrarsene per "imporre" le sue invenzioni estemporanee "scolpendo" incisivi motivi-riff.

Usava spesso inframezzare i suoi assoli a note singole, con passaggi a ottave, e addirittura con interi accordi (tecnica chiamata *block chords*).

Purtroppo Wes Montgomery è scomparso prematuramente nel 1968 a soli trentacinque anni: una decina di anni di attività, tutti in ogni caso interessanti, anche quelli più criticati come gli ultimi, giacché spostatosi dal Jazz a un *easy listening* strumentale (comunque di qualità, per alcuni versi preconizzatore della Fusion). Il suo testimone fu raccolto da George Benson, suo grandissimo epigono.

I MIGLIORI ASSOLI

1958 – da Far Wes: *Summertime*
1958 – da Far Wes: *Falling in Love With Love*
1959 – da The Wes Montgomery Trio: *Round Midnight*
1960 – da The Incredible Jazz Guitar of: *D-Natural Blues*
1960 – da The Incredible Jazz Guitar of: *Four on Six*
1960 – da The Incredible Jazz Guitar of: *West Coast Blues*
1965 – da Bumpin': *Tear It Down*
1966 – da Tequila: *The Thumb*
1966 – da Goin' Out of My Head: *Naptown Blues*

Duane Eddy

Nato nel 1938, già a vent'anni si mise in luce; d'altra parte un certo *physique du rôle* lo aveva: avrebbe potuto fare l'attore tipo James Dean, ma la parte da bravo ragazzo... Comunque il suo *twangy sound*, il "tuang" pure un po' onomatopeico del suono della sua chitarra elettrica, vibrante e con le note nel registro basso rapidamente alzate di tono (*bending*), tra gli appassionati fece epoca. Proprio per questo attirò l'attenzione di importanti case di strumenti, come la Guild che produsse a suo nome un modello semiacustico il DE 400 e 500: in ogni caso gli specifici attrezzi di lavoro erano la leva vibrato Bigsby e i pick up DeArmond che mutò dalla sua precedente chitarra, la Gretsch 6120 Chet Atkins.

L'importanza di Duane Eddy risiede soprattutto nell'aver ricavato inusitati suoni dalla chitarra elettrica mediante effetti tecnici di articolazione ed elettronici insieme con il fatto che è stato tra i primissimi a suonare brani strumentali con la chitarra elettrica solista assoluta protagonista, come fosse un cantante, anticipando Santo & Johnny, Peter Green e soprattutto Carlos Santana.

I suoi assoli tendono a essere condensati, e quando più lunghi,

sono tematici, cantabili, dunque non voli pindarici né aggressivi né serrati, ma alquanto garbati.

In ogni caso anche solo tramite le sue interpolazioni nei brani, al cantato o altro, sono così caratteristiche da renderlo immediatamente riconoscibile.

Tra i suoi vip-fan George Harrison (che amava in particolar modo il suo profondo registro basso) e B.B. King, che una sera a un concerto del giovane Duane, al termine di *Three-30-Blues*, non solo lo riempì di complimenti ma, quasi commosso, lo abbracciò e baciò.

I MIGLIORI ASSOLI

1958 – da Have "Twangy" Guitar Will Travel: *Rebel-Rouser*
1958 – da Have "Twangy" Guitar Will Travel: *Detour*
1958 – da Have "Twangy" Guitar Will Travel: *Three-30-Blues*
1959 – da Especially for You: *Quiniela*
1959 – da Especially for You: *Hard Times*
1959 – da The "Twangs" The "Thang": *Trambone*
1960 – (45 giri): *Shazam*
1961 – da Girls! Girls! Girls!: *Tuesday*
1961 – da Girls! Girls! Girls!: *Mona Lisa*
1962 – (45 giri): *(Dance With The) Guitar Man*
1963 – (45 giri): *Boss Guitar*
1963 – (45 giri): *Mary Ann*
1963 – da "Twang" A Country Song: *Sugar Foot Rag*

Gabor Szabó

Pochissimi oggi lo conoscono, eppure Gabor Szabó negli anni Sessanta del '900 fu parecchio noto.
Ungherese, una volta emigrato negli USA, fu ingaggiato da Chico Hamilton (sostituendo Jim Hall), con cui da 1962 al '66 registrò ben otto dischi prima di avviare una sua proficua carriera solista.
Ebbe subito modo di farsi ampiamente apprezzare per il suo modo di coniugare la lezione bianca più cool (quasi minimalistica) proveniente principalmente da Billy Bauer con un originale linguaggio. Ciò era dato da audaci connessioni tra il lessico e lo *swing-bop* con l'uso di particolare articolazione con mini bending e legati, particolare maniera di sincopare ritmicamente, e l'uso di doppie e triple note (non di rado cluster dissonanti e con corde a vuoto), arpeggi armonici, rapidissimi trilli, corde stoppate. Ha pure un modo tutto suo di concepire la chitarra come capace di portare avanti tutto un brano, ma non come gli altri jazzisti, coniugando quella sapienza con radici etno-folk.
Forse inconsapevolmente, alcune cose del meraviglioso suonare di Pat Metheny e Bill Frisell derivano da Szabó.

Ben più consapevole fu Carlos Santana, essendo come Szabó un chitarrista e autore molto modale e melodico: impiegò il pezzo *Gypsy Queen* e appaiono molto simili gli approcci articolativi tecnico-ritmici; non ultimo l'uso del feedback controllato. (A volte Szabó usava una chitarra acustica, elettrificandola aggiungendole un magnete.)

John McLaughlin dall'impiego di alcune scale esotiche di derivazione orientale e dall'aver affrontato sistematicamente un certo fare musica come fosse un mistico raga indiano.

D'altra parte Szabó è stato appunto il primo chitarrista a fondere con equilibrio e personalità l'etnomusica brasiliera, flamenca, indiana col suo essere jazzista (tendente al pop-rocker). Basterebbe il suo disco dal vivo del '67 *The Sorcerer* a dimostrazione dell'altissimo livello di sintesi cui Szabó era giunto.

I MIGLIORI ASSOLI

Con Chico Hamilton
1962 – da Drumfusion: *One For Joan*
1962 – da Drumfusion: *Freedom Traveler*
1962 – da Drumfusion: *A Rose For Booker*
1962 – da Drumfusion: *Transfusion*
1963 – da A Different Journey: *A Different Journey*
1963 – da A Different Journey: *The Vulture*
1965 – da El Chico: *People*
Solista
1966 – da Spellbinder: *My Foolish Heart*
1967 – da The Sorcerer (live): *Space*
1968 – da More Sorcery (live): *Los Matadoros*
1968 – da Dreams: *Galatea's Guitar*
1968 – da Dreams: *Half the Day is the Night*
1968 – da Dreams: *The Fortune Teller*

1968 – da Dreams: *Fire Dance*
1968 – da Dreams: *The Lady in the Moon*

Eric Clapton

Personalmente non sono stato mai entusiasta del signor *Slowhand*, Eric Clapton, tuttavia un lancio di dadi sul Rubicone del chitarrismo rock lo fece.

L'importanza chitarristica di Eric Clapton abita nel suo primissimo tempo, nel lustro della seconda metà degli anni Sessanta del secolo scorso. L'età della giovinezza sua e del Rock tutto.

Tuttora è in azione, ma per quanto abbia fatto dagli anni Settanta a oggi cose apprezzabili, poco o nulla ha aggiunto al chitarrismo rock. In ogni caso si è distinto per le sue scelte mai sopra le righe o grossolane: ha mostrato uno stile a tutto tondo da vero gentleman.

Clapton cominciò a imporsi nel panorama musicale del tempo facendo parte di quel gran gruppo chiamato Yardbirds; peraltro fu la fucina della chitarristica trinità inglese che poi tanto influenzò il Rock, poiché militarono anche Jeff Beck e Jimmy Page.

Comunque Clapton già nel 1966 partecipò a un album che, anche in virtù del suo apporto, fu uno dei capisaldi del rock-blues: *John*

Mayall and The Bluesbreakers with Eric Clapton. Appena appresso insieme con Jack Bruce e Ginger Baker fu artefice del magnifico gruppo dei Cream.

Clapton non è stato nella sostanza un chitarrista solista innovatore (tantomeno come autore), nondimeno la congiunzione del fattore timbrico con quello formale (coi Cream) stabilisce la sua importanza.

Manifestatamente discendente dalla scuola B.B. King (e in parte anche da Albert King e Freddie King) è riuscito, mediante l'adozione e il sapiente uso di un timbro ben più saturo, robusto e ricco di espressive armoniche (con derivante sostegno delle note), ad essere più lirico e canterino, anticipando in ciò anche un altro grande chitarrista del genere che si stava imponendo negli USA, ossia Mike Bloomfield.

La distorsione del suono chitarristico si conosceva da anni, nel 1958 Link Wray tra i primi in assoluto con timbro alquanto saturo (in particolare nel brano *Rumble*), tuttavia Clapton, in scenari musicali notevoli, ebbe modo e sapienza di usare questi suoni in maniera solistica più e meglio di altri. (Peraltro coi Cream usò un suono un po' differente rispetto agli esordi, più pieno e scuro, tanto che fu coniato per lui l'espressione *woman tone*...)

Ha iniziato con un linguaggio strettamente rock-blues, in seguito con i Cream, spinto dalle innovazioni del gruppo, anche in termini formali (assoli molto lunghi e su ambienti modali o sequenze accordali non di natura blues), si è sviluppato quel tanto che è bastato per partecipare in maniera rilevante all'evoluzione della chitarra elettrica solista (gli interventi in feedback per il lancio in *Toad* dell'assolo di Ginger Baker è tra le cose più selvagge di Clapton).

Il lessico principale cui attinge è la scala pentatonica con qualche nota aggiunta qua e là, Clapton si distingue per l'eleganza del portamento delle note nel registro medio con un'articolazione che privilegia un fluidissimo legato, un deciso bending e un profondo vibrato.

Curiosamente, seppur per motivi e circostanze molto diverse, Eric Clapton e Jimi Hendrix condividono il fatto che in pochissimi anni, praticamente gli stessi, hanno scolpito nella roccia i loro nomi.

I MIGLIORI ASSOLI

Con John Mayall
1966 – da Blues Breakers with Eric Clapton: *All Your Love*
1966 – da Blues Breakers with Eric Clapton: *Key to Love*
1966 – da Blues Breakers with Eric Clapton: *Steppin' Out*

Con i Cream
1966 – da Fresh Cream: *I Feel Free*
1966 – da Fresh Cream: *Sweet Wine*
1966 – da Fresh Cream: *I'm So Glad*
1967 – da Disraeli Gears: *Sunshine Of Your Love*
1968 – da Wheels of Fire: *White Room*
1968 – da Wheels of Fire: *Politician*
1968 – da Wheels of Fire: *Deserted Cities of the Heart*
1968 – da Wheels of Fire: *Crossroads (live)*
1968 – da Wheels of Fire: *Spoonful (live)*

Jimi Hendrix

Jimi Hendrix per molti potrebbe essere una specie di primordiale personaggio della scena rock più esteriore e bifolca, rozzo e iperbolico: uno stratosauro del chitarrismo elettrico rock.

No, Hendrix fu un geniale musicista "elettrico", un artista che in soli quattro anni (1967 - 1970) e tre dischi registrati in studio (più quello live con la Band of Gypsys pubblicato per obblighi contrattuali) è riuscito nella giungla musicale di allora a farsi largo a colpi di Stratocaster: il Rock (pure) con lui ha subìto una notevole accelerazione di crescita, è diventato adulto.

Hendrix ha sempre curato moltissimo i suoi dischi, il lavoro in studio era certosino, i brani li rifiniva in modo quasi ossessivo e i suoi assoli erano calibratissimi, funzionali per i pezzi: mai fuori luogo, pretestuosi e fini a se stessi, ma nemmeno ricalcavano percorsi ortodossi, già ascoltati.

Nella sua pur breve opera c'è stato di tutto, da brani legati a forme e soluzioni ortodosse a quelli più sperimentali e rumoristici, da quelli più feroci a quelli più dolci; denominatore comune era che queste musiche avevano sempre innervate estensioni e sviluppi

originali e mai gratuiti (cioè tanto per fare qualche stranezza!).
Per esempio nel suo disco d'esordio, il più notevole, *Are You Experienced*, si va da pezzi come *Purple Haze* a *The Wind Cries Mary*, da *Red House* a *Are You Experienced*, da *Foxy Lady* a *Third Stone From The Sun* (storico e importantissimo pezzo di proto Jazz-Rock). Riascoltare per credere dell'enorme paletta espressiva del suo trio.

Va pure sottolineato che con lui si fondevano i distinti ruoli di ritmica e solista, che nelle band di solito erano spesso concretati da due persone diverse: in lui confluivano naturalmente queste due funzioni, connettendo soluzioni chitarristiche fino allora mai ascoltate, facendole così convergere per il suo obiettivo principale che era appunto la realizzazione della sua musica; che era a 360 gradi. Dunque, checché se ne pensi, Hendrix curava tutt'altro dell'appariscente e aggressivo iper-solismo che lasciava sgomenti. Eventualmente ciò si riservava di praticarlo dal vivo.

Tuttavia non fu da tutti compreso appieno, in quegli anni la sua fama era dovuta, per la miriade delle persone che hanno assistito dal vivo ai suoi oltre 500 concerti ufficiali (e ammirato nei film-concerto-eventi come Monterey, Woodstock e Isle of Wight) e comprato milioni di copie dei suoi dischi, più per l'incarnazione di musicista-fenomeno che lasciava a bocca aperta per i suoi atteggiamenti super energico-sexy, insieme con gli inusitati suoni che riusciva a cavare dalla sua chitarra e ai suoi brani comunque orecchiabili, che per il resto.

Per gli altri, chitarristi più o meno comuni o straordinari come John McLaughlin e artisti come Miles Davis (solo per citarne due), Hendrix è stato più di una stella: una cometa che dall'emisfero rock ha illuminato la via elettrica della musica mediante soluzioni

innovative in termini di timbri, forma, contenuto, approccio e tecnici, affiancando così i Beatles, Cream, Zappa, Pink Floyd e Soft Machine nell'innalzamento verticale del Rock.

Il lessico solistico è elementare, costituito quasi esclusivamente dalla scala pentatonica (e blues), ma il linguaggio è brillantissimo poiché Hendrix riesce a unire una fantasmagorica tecnica e originali idee nel quadro di una curata strategia al servizio del pezzo, disegnando linee melodiche molto cantabili o particolarmente espressive e d'impatto.

I MIGLIORI ASSOLI

1967 – da Are You Experienced: *Purple Haze*
1967 – da Are You Experienced: *Manic Depression*
1967 – da Are You Experienced: *Love or Confusion*
1967 – da Are You Experienced: *Hey Joe*
1967 – da Are You Experienced: *Third Stone from the Sun*
1967 – da Are You Experienced: *Red House*
1967 – da Axis: Bold as Love: *Spanish Castle Magic*
1967 – da Axis: Bold as Love: *Little Wing*
1967 – da Axis: Bold as Love: *Bold As Love*
1968 – da Electric Ladyland: *Long Hot Summer Night*
1968 – da Electric Ladyland: *Come On*
1968 – da Electric Ladyland: *1983...*
1968 – da Electric Ladyland: *Still Raining, Still Dreaming*
1968 – da Electric Ladyland: *Voodoo Child (Slight Return)*
1970 – da Band of Gypsys (live): *Machine Gun*

SZABÓ-HENDRIX: LE CONNESSIONI

Gabor Szabó e Jimi Hendrix: pochissimi connetterebbero i due chitarristi perché a tutta prima sono molte le cose che li rendono diversi. Tuttavia, alcuni considerevoli fattori musicali li congiungono biunivocamente. Convergenze parallele[7]?

Innanzitutto le *derive* macroscopiche: Szabó, avviata una carriera jazz alla corte di Chico Hamilton, progressivamente s'inclinò verso un modale etno-folk toccando quasi il Pop; Hendrix, di "umile" estrazione Rhythm and Blues – Rock'n'Roll, si è avviato rapidamente a una alta sintesi Rock, innervando molta della sua musica di sofisticazioni inusitate.

Szabó interpreta la chitarra in modo inconsueto affinché sia il fulcro dei suoi brani. Ed Hendrix è stato il primo vero *guitar hero* del Rock, capace d'infiammare il pubblico mediante i suoi brani incentrati sulla sua chitarra.

Peraltro Gabor *alzò il volume*, sporcando il suo timbro chitarristico, arrivando a far innescare le note (effetto Larsen) e modularle: il lato gentile del selvaggio feedback che Jimi ha reso famoso.

Avviciniamoci un po': si sa, il linguaggio jazzistico è alquanto affabulatorio, molte note e sovente rapide... Szabó a fronte della sua svolta intorno alla metà degli anni Sessanta (appena prima del clamoroso avvento di Hendrix) compresse sempre più il suo idioma, quasi lo liofilizzò in pochissimi accordi e note condotte con legati e glissati, bending e "double-stop" (doppie o triple note a volte dissonanti e con corde a vuoto).

---

[7] In pratica un ossimoro, un paradosso coniato nella seconda metà del secolo scorso in ambito politico.

Hendrix, dal *background* di poche note (e accordi) soprattutto con bending e collegamenti penta-blues, passò subito a uno sviluppo più ampio e diatonico, talvolta parecchio ellittico o modale (tra gli altri *Love Or Confusion, Are You Experienced, The Wind Cries Mary, Angel, Drifting*). E per i suoi interventi solistici, per quanto spesso (purtroppo) brevissimi, tanto per citare i brani stra-famosi, lo stravagante assolo in *Purple Haze* (che da solo potrebbe bastare), è *szaboiano* nel midollo... importanti tracce biunivoche anche nel solo e nella coda di *Castles Made of Sand*, nella coda di *Angel, May This Be Love, I Don't Live Today, Are You Experienced* e *If 6 Was 9*.

Menzione a parte per l'intero *Third Stone From The Sun*: storico e importantissimo pezzo di proto Jazz-Rock.

Ecco, se qualcuno si fosse sorpreso di quegli strani interventi solistici che poco sembrano entrarci nel linguaggio di un rocker (apparentemente solo aggressivo) e si sia domandato da dove potessero provenire, potrebbe avere trovato risposta.

Che anche altri chitarristi abbiano avuto alcune delle caratteristiche sopraelencate, sicuramente, ma non tutte insieme e negli stessi precisi anni. Poi, che Szabó che Hendrix siano stati del tutto "consapevoli" di queste convergenze, lo sanno solo loro.

Ultima annotazione, è facile notare che il periodo d'oro di Gabor sia stato tra il 1966 e il 1970 ovvero esattamente l'arco temporale dalla comparsa Jimi fino alla sua morte: parallela coincidenza anche questa.

Jimmy Page

Jimmy Page, ben più dell'eroe elettrico tutto assoli e gesti eclatanti. Ha suonato tutto quello che somigliava a una chitarra, pure alla lontana, e con tutto quello che le mani potevano impiegare (plettri, bottleneck, archetti).

Jimmy Page è cresciuto e cominciato a prosperare nella fucina degli anni Sessanta piena di incandescenti amplificatori e altoparlanti quasi fatti esplodere di energia dalle vibrazioni delle corde di metallo tirate e percosse allo spasimo e trasmesse dai corpi pieni delle chitarre che, vibrando così, stavano solidificando sempre più e duramente un genere e uno stile di Rock che fece epoca, e i suoi echi ancora sentiamo forti e chiari.

Hendrix e Beck chi per un motivo chi per un altro erano casi a parte, sfuggenti... Il primo per il tantissimo che aveva riversato risultando una specie di marziano stordente, il secondo per il suo stile flashing poco incline al fraseggio e alla costruzione; pure dei brani. Clapton e Blackmore quasi antitesi della chitarra elettrica, il primo legatissimo al blues, il secondo pochissimo.

Dunque Page è un chitarrista che è stato sempre un punto di fusione tra questi in termini stilistici, ma con in più una predisposizione al lavoro compatto di gruppo, in studio di registrazione, al servizio di un progetto musicale per il quale è sempre stato molto dedito, assumendosi sempre la responsabilità di essere timoniere e capitano della nave volante. I Led Zeppelin sono una sua creatura che ha allevato con esiti che tutti conoscono. È dopo l'importante esperienza degli Yardbirds che Page ha avuto in mente l'idea di mettere su una sua band nella quale riversare ed esprimere la sua giovanile e vigorosa creatività. Quando ci riuscì si distinse anche da tutti quelli citati prima che erano i grandi maestri della chitarra elettrica: la sua musica di gruppo gli ha permesso di fare delle cose che quegli altri non avevano fatto e né avrebbero compiuto in seguito.

Lui è il chitarrista arcobaleno dalle mille sfumature di colori, tessitore di sontuose trame sonore con molte parti che si sovrappongono armonizzandosi.

Di là del suo scabro chitarrismo bluesy, Page è riuscito a essere davvero melodico, e non solo un chitarrista lirico strillone *strappa budella*, o semplicemente cantabile; è andato ben oltre anche perché ha adottato scale aggiuntive a quella pentatonica-blues. Oltre alle diatoniche maggiore-minore qualche deriva modale, esotica, e alcuni cromatismi jazzy hanno contribuito a innalzare il tasso di raffinatezza del suo linguaggio che, assieme al suo tocco particolarmente duro ma dinamico, ha fatto sì che le sue parti chitarristiche siano assai originali.

Menzione particolare per il live del '73 *The Song Remains The Same* (pubblicato nel 1976), nel quale troviamo Page con assoli e performance al top, e con un arrangiamento per chitarra del brano

The Rain Song (nell'originale ce n'erano principalmente due che facevano differenti parti, una acustica e una elettrica) in termini di inventiva e tecnica semplicemente stupefacente: uno zenit per la chitarra rock che nessun altro ha mai raggiunto.

I MIGLIORI ASSOLI

1969 – da Led Zeppelin I: *Dazed and Confused*
1969 – da Led Zeppelin II: *Heartbreaker*
1970 – da Led Zeppelin III: *Since I've Been Loving You*
1976 – da Presence: *Achilles Last Stand*
1976 – da The Song Remains The Same (live): *No Quarter*
1976 – da The Song Remains The Same (live): *Stairway to Heaven*
1976 – da The Song Remains The Same (live): *Whole Lotta Love*
1976 – da The Song Remains The Same (live): *The Rain Song*

Ritchie Blackmore

Nell'epoca d'oro del Rock, furono pochissimi i chitarristi elettrici altamente creativi, coraggiosi, perché anticonformisti all'imperante panorama dello stile rock-blues, uno di questi è Ritchie Blackmore.

Blackmore fa più "rumore" di altri, per esempio di Zappa, Santana e Fripp, giacché fu chitarrista di una band, i Deep Purple, che essendo virata grandemente verso il Rock più duro, aveva meno potenziali possibilità di azione, ovvero con linee guida più rigide. Pertanto la sua linea stilistica, cioè quella di riuscire a convogliare alcune scelte del linguaggio classico con il super-elettrico Rock appena screziato di Blues, e poi applicarle all'Hard-Rock, è notevolissima.

Basti pensare all'enorme fama e stima che in quegli anni godevano Eric Clapton, Jimi Hendrix, Jeff Beck e Jimmy Page, tutti chitarristi di evidente matrice blues, e che, con intensità diverse, hanno comunque innovato l'apporto della chitarra elettrica alla musica, infiammando milioni di appassionati. Ci vuole davvero molto talento e carattere a sfilarsi da questa linea di discendenza e porsi

come alternativa, e Blackmore sin da subito si è distinto e ha continuato per la sua strada, fondando appunto uno stile di chitarra elettrica solista che sarà ripreso da generazioni di chitarristi.
Infatti, ebbe una pletora di emuli ed epigoni, uno dei più importanti fu Randy Rhoads che raccolse sicuramente lo stile di Blackmore, ma filtrandolo e unendolo con altre "suggestioni", successivamente pure con quella dell'astro nascente della chitarra Hard Rock, Eddie Van Halen.
Ma l'epigono più famoso di Blackmore è Yngwie Malmsteen, che agli albori degli '80 debuttò con uno stile chitarristico e composizioni (prima con gli Alcatrazz poi come solista) che fu chiamato hard rock neoclassico: Malmsteen velocizzò, banalizzando, la grande e originale lezione blackmoreiana (e rhoadsiana) unendola esplicitamente a Paganini (Vivaldi e Bach), facendo a sua volta ancor più emuli ed epigoni che ancor oggi si aggirano tra noi.
Tra le caratteristiche di Blackmore, il primo bach'n'roller, ci sono l'estensivo uso di rapidissimi passaggi ostinati: mitragliate di note spesso terzinate a gradi congiunti sulla scala minore Naturale o Armonica o triadi e lo spostarsi cromaticamente sulla tastiera con pattern a loro volta con piccoli cromatismi; l'uso delle corde a vuoto è un'altra caratteristica (questa può considerarsi una mutuazione dell'approccio della chitarra classica), sia per i soli sia per gli accordi, qua e là una aggressiva azione sulla leva vibrato che generava veloci e potenti scossoni intonativi.
Insomma, il connubio tra un rapido fraseggio molto scalare e triadico insieme con bending o leva vibrato è il tratto stilistico principale di Blackmore, la sua chitarra al calor bianco non è tanto una torcia che brucia un po' indisciplinata quanto una fiamma ossi-

drica; una fiamma chirurgica: Blackmore è lontano dalle grondanti espressioni di sudore di colore blue di Clapton, Hendrix, Beck e Page, è meno un tribale sciamano e più un gotico principe.

I MIGLIORI ASSOLI

1968 – da Shades of Deep Purple: *Hush*
1968 – da Shades of Deep Purple: *Mandrake Root*
1968 – da The Book of Taliesyn: *Wring That Neck*
1968 – da The Book of Taliesyn: *Shield*
1969 – da Deep Purple: *The Painter*
1969 – da Deep Purple: *Why Didn't Rosemary?*
1969 – Concerto for Group and Orchestra: *First Movement*
1970 – da In Rock: *Speed King*
1970 – da In Rock: *Child in Time*
1970 – da In Rock: *Hard Lovin' Man*
1971 – da Fireball: *Strange Kind Of Woman*
1972 – da Machine Head: *Smoke On The Water*
1972 – da Machine Head: *Lazy*
1972 – (45 giri): *When A Blind Man Cries*
1972 – da Made in Japan (live): *Highway Star*
1972 – da Made in Japan (live): *Child in Time*
1972 – da Made in Japan (live): *Smoke On The Water*
1972 – da Made in Japan (live): *Strange Kind Of Woman*

Carlos Santana

Poche note (spesso lunghe) di chitarra elettrica su uno stuolo di percussioni, qualche motivo accattivante, un organo Hammond e ritmi latino-americani rockeggianti bastano a spiegare un successo che, seppur a fasi alterne, dura da mezzo secolo?

In genere, ma soprattutto per Carlos Santana, le antologie, i vari "il meglio del meglio", contenenti alcuni dei brani più facili ed accattivanti, hanno svolto un cattivo servizio al Santana vero, quello che ha dato alla musica e alla chitarra elettrica, un contributo tanto straordinario quanto poco conosciuto (e riconosciuto).

Santana, come pochissimi altri, ha saputo coniugare qualità con facilità d'ascolto e questo si riscontra spesso non solo nella sua intera produzione, andando a cercare gemme sepolte chissà dove, ma nel suo periodo di maggior successo, in quegli stessi dischi venduti a milioni. La qualità è espressa sia con la sua chitarra sia con la sua musica, spesso fuse insieme in un alchemico ed esoterico pentolone che lo sciamano Santana ha cucinato per le nostre orecchie e il nostro cervello.

Carlos Santana, coi "Santana", racchiude una miscela di mondi latini, africani e rock unitamente con la chitarra del leader che come timbro (saturo ma piuttosto pulito) ricorda più i maestri del rock-blues soprattutto bianchi come Mike Bloomfield e Peter Green dell'icona rock per eccellenza: Hendrix. Altresì la poetica, e quindi alcune soluzioni, di Gabor Szabó (particolare maniera di sincopare ritmicamente, fraseggi con corde a vuoto, rapidissimi trilli, corde stoppate note modulate in feedback).

E già nel 1970 *Samba Pa Ti*: quattro minuti e mezzo di chitarra solista dove non una sola nota emessa e inflessione data risulta gratuita. Questo pezzo è un punto di svolta di un chitarrismo melodico che fino ad allora non era mai stato così codificato, pregnante e significativo. Comunque va rilevato che in assoluto c'è scarsità di cimenti in tal senso, e non solo nel Rock e non solo tra chitarristi: essere profondamente melodici implica una serie notevole di articolazioni tecniche per rendere al meglio espressivamente le idee musicali che necessariamente in questi casi devono essere generate. Tuttora cosa rara

Nel 1972 inizia una svolta musicale e quindi chitarristica che non ha precedenti (né successivi) nella storia dei grandi. Santana aumenta il gradiente di sofisticazione del suo linguaggio, avvicinandosi a un certo Jazz (John Coltrane e Miles Davis) e giungendo al "gemellaggio" (e alla collaborazione) con McLaughlin: una maturazione stupefacente, che nel giro di un solo anno lo porta a produrre musica di massimo grado creativo, insieme con un chitarrismo inusitato.

La fusione del suo già originalissimo approccio e suono rock con gli elementi più discorsivi, affabulatori, tipici del Jazz (ma non il lessico cioè il materiale più propriamente musicale come le scale)

restituisce un artista, soprattutto nell'arco dal 1973 al 1980, capace di un linguaggio tanto originale nella qualità quanto creativo nella quantità: sembrano inesauribili le sue linee musicali, peraltro a dispetto del ridotto lessico in uso a tutti i chitarristi rock (scale penta-diatoniche e rarissime spezie esotiche).

Dunque il suo eccezionale approccio ritmico e tecnico (articolazioni espressive, perciò trilli, legati, bending e quant'altro insieme con straordinarie modulazioni del feedback controllato), e il rifuggire le soluzioni formulaiche "penta-strillate" già consumate a cavallo tra '60 e '70, congiunte al suo ricercare specifiche note (estensioni rispetto all'accordo sottostante) e intere linee melodiche saldate con una liquidissima discorsività mutuata dal Jazz, ne hanno fatto un gigante della chitarra elettrica.

I MIGLIORI ASSOLI

Con i Santana
1969 – da Santana: *Shades Of Time*
1970 – da Abraxas: *Samba Pa Ti*
1970 – da Abraxas: *Hope You're Feeling Better*
1971 – da Santana III: *Taboo*
1972 – da Caravanserai: *Waves Within*
1972 – da Caravanserai: *La Fuente del Ritmo*
1974 – da Lotus (live): *Incident At Neshabur*
1974 – da Borboletta: *Practice What You Preach*
1976 – da Amigos: *Take Me With You*
1977 – da Moonflower: *Soul Sacrifice (live)*
1977 – da Moonflower: *Europa (live)*
Solista
1979 – da Oneness: *Oneness*
1979 – da Oneness: *Jim Jeannie (live)*
Con Alice Coltrane
1974 – da Illuminations: *Angel Of Sunlight*

Frank Zappa

Frank Zappa è stato un chitarrista elettrico tra i più importanti in assoluto. In particolare il suo linguaggio musicale solistico è stato molto creativo: fu esplorativo sia nella sostanza (le note in sé) sia nella forma (l'articolazione tecnico-espressiva).

Generò delle linee melodiche originali ricercando inusuali connessioni tra note, non solo permutando combinazioni differenti ed esponendole con articolazioni espressive non comuni, ma anche perché usò scale differenti dalle solite (o impiegò comuni scale in contesti differenti o pronunce inusuali).

Zappa ha privilegiato muoversi dentro scenari modali, cioè alquanto statici armonicamente, cosicché aveva ancor più libertà d'invenzione melodica, sovrapponendo scale particolari produceva atmosfere particolari già in questa maniera. E il suo eccezionale talento ritmico, la sua avversione al ritmicamente lineare e a forme metriche usuali espresso diffusamente nelle composizioni, lo manifestava anche nelle improvvisazioni; tuttavia spesso in tal senso quietava la base (anche in termini di velocità: di solito da

medium in giù), e su questi scenari poco incalzanti, ariosi ma statici armonicamente, si esprimeva con un fraseggio molto sinuoso ove accumulava rapidamente densi gruppi di note dalla complicata ritmica, a metà tra i pezzi britannici con cornamuse e i maestri di sitar indiani cogli ultra modali raga, dunque l'effetto complessivo un po' meditativo-ipnotico un po' irruente; comunque lui poco disteso, sovente impetuoso, plettrava velocemente e legava moltissimo le note. Chitarristicamente nato ascoltando i neri bluesman e il Rock'n'Roll bianco è cresciuto con tutt'altro (Classica e musica etnica); ha non pochi punti di contatto con John McLaughlin.

Fu dunque uno dei primissimi, a fine anni Sessanta, a indicare una possibile via per l'emancipazione dal linguaggio tipicamente rock-blues dei chitarristi che era allora preminente e quindi di uno sviluppo particolarmente creativo del solismo.

Negli anni d'oro (i Settanta) legò la sua immagine chitarristica alla Gibson SG, la "diavoletto", e insieme a Tony Iommi dei Black Sabbath e Angus Young degli AC/DC contribuì largamente alla sua diffusione come in sostanza l'unica alternativa valida ai modelli *solid body* più venduti (Les Paul, Stratocaster e Telecaster).

I MIGLIORI ASSOLI

1969 - da Hot Rats: *Willie The Pimp*
1969 - da Hot Rats: *Son of Mr Green Genes*
1974 - da Apostrophe: *Nanook Rubs It*
1974 - da Apostrophe: *Stink Foot*
1975 - da One Size Fits All: *Inca Roads*
1976 - da Zoot Allures: *Zoot Allures*
1976 - da Zoot Allures: *Black Napkins*
1976 - da Zoot Allures: *The Torture Never Stops*

1979 - da Sleep Dirt: *Filthy Habits*
1979 - da Sheik Yerbouti: *Yo Mama*

Jeff Beck

Per nessuno, come per Jeff Beck, l'epiteto chitarrista elettrico rappresenta meglio quel che un musicista è.
Nei '60/'70 molto genio e sregolatezza; oggi più regolatezza e meno genio, tuttavia tra i vecchi giganti, Beck è quello che meglio si è mantenuto all'altezza della propria grandissima e meritata fama: ha perso poco smalto, è ancora incomparabile.
Lui non un bravo né prolifico compositore, ma un meraviglioso inventore di (brevi) linee soliste e interprete di melodie: con in mano una chitarra elettrica dal suono saturo è in grado di far cadere gli angeli sulla terra pure suonando "Tanti auguri"!
Esplorazione e controllo totale della chitarra elettrica (con suono distorto): dalle micro sfumature tonali e dinamiche ai più roboanti e stupefacenti effetti. Nessuno come lui sa toccare quelle corde...
La carriera di Beck inizia a metà anni sessanta e subito si distingue da tutti gli altri chitarristi elettrici perché, pur essendo di estrazione rock-blues, non così incline ai suoi connessi piccoli cliché che, soprattutto diffusi dai tre grandi King, stavano fecondando la stragrande maggioranza dei giovani chitarristi: lui più originale ed

ellittico, già allora manifestava una tendenza a suonare brevi parti "flash" incisive e inusitate.

Ma dopo poco Beck ebbe un forte rallentamento creativo, chissà, forse per l'avvento della rock-astronave Experience guidata dall'alieno Hendrix, seguito da altri giganti elettrici tangenti il mondo rock a sei corde, come McLaughlin, Fripp, Santana e Blackmore: forse ha avuto bisogno di mandare giù e assimilare... Fatto sta che, a poco a poco, si è ripreso e ha cominciato a sfornare, dopo i primi due dischi solisti ortodossi e sottotono (*Truth* del '68 e *Beck-Ola* del '69), prove più interessanti e all'altezza, arrivando nel '75 al suo capolavoro a tutto tondo *Blow by Blow*, subito seguito ('76) da un altro notevolissimo disco (*Wired*), sancendo la sua definitiva consacrazione tra i grandi.

Grazie a lui abbiamo scoperto tante cose delle enormi possibilità espressive della chitarra elettrica, ma non solo, anche scale oltre la solita penta-blues o maggiore-minore: mai saremo abbastanza riconoscenti.

I MIGLIORI ASSOLI

Con gli Yardbirds
1965 – da Having a Rave Up: *Mr. You're A Better Man Than I*
1966 – (45 giri): *Shapes Of Things*
1966 – (demo): *For R.S.G.*
1966 – (demo): *Jeff's Blues*
1966 – (demo): *Someone To Love*
1966 – da Roger the Engineer: *What Do You Want*
Con Jeff Beck Group
1971 – da Rough and Ready: *Situation*
Con Beck, Bogert & Appice
1973 – da Beck, Bogert & Appice: *Oh To Love You*

Solista

1975 – da Blow By Blow: *You Know What I Mean*
1975 – da Blow By Blow: *She's a Woman*
1975 – da Blow By Blow: *Cause We've Ended as Lovers*
1975 – da Blow By Blow: *Diamond Dust*
1976 – da Wired: *Goodbye Pork Pie Hat*
1976 – da Wired: *Sophie*
1977 – da Jeff Beck with the Jan Hammer Group (live): *Freeway Jam*
1980 – da There & Back: *The Final Peace*
1989 – da Jeff Beck's Guitar Shop: *Where Were You*

John McLaughlin

John McLaughlin, sin da quando è apparso sulla scena musicale internazionale, all'alba dei '70, si è imposto come un chitarrista differente e di caratura superiore rispetto gli altri imperanti all'epoca; specie di antitesi complementare al triumvirato inglese formato da Clapton, Page e Beck e del loro stile rock-blues "progressivo"; McLaughlin era il moderno e colto jazzista attratto potentemente dal magnete rock capace di aggredire la sei corde e sprigionare scintille elettriche quanto loro.

Solo Hendrix, dal quale ha peraltro ripreso il tratto rock più selvaggio, aggressivo e urlante, era accostabile a lui in quanto a carisma chitarristico-musicale. Il britannico era una sorta di incrocio tra Django Reinhardt, Gabor Szabó e appunto Hendrix. McLaughlin ha fatto tesoro sia delle esperienze maturate negli importantissimi dischi della svolta elettrica di Miles Davis, il quale lo esortava a suonare più selvaggiamente possibile (trovando in lui una sorta di moderno jazzista dal tocco furente hendrixiano - ascoltare l'incipit di *Gemini/Double Image* su *Live/Evil* per credere), sia del fondamentale gruppo proto Jazz-Rock, Lifetime di

Tony Williams con il quale ha registrato due dischi. Contemporaneamente a queste esperienze, a fronte di un eccellente talento compositivo, ha registrato due bellissimi e originali dischi solisti: *Extrapolation* e *My Goals Beyond* (il primo di scattante e moderno Jazz, il secondo più rilassato ed acustico). Successivamente ha formato la Mahavishnu Orchestra, pubblicando sul finire del '71 *The Inner Mounting Flame* che ha avuto un effetto deflagrante sulla comunità musicale. Musica altamente innovativa e spettacolare con una chitarra elettrica all'altezza di questa magnificenza. Con questo disco si dà forma compiuta e compatta, altamente creativa e con un livello tecnico stratosferico esibito vistosamente, a quella fusione tra generi e stili che era da qualche tempo già nell'aria, e che da qui sarà individuata come un vero e proprio nuovo genere musicale: il Jazz-Rock.

Nel '72 con il più raffinato e profondo *Birds Of Fire* McLaughlin ha esteso popolarità, stima e quant'altro occorra per divenire una stella polare per chi desiderava alternative al modello di chitarrista elettrico tutto bending pentatonico, power chords e poco altro: per andare oltre ciò, tutti con occhi sgranati e orecchie ben aperte per riuscire ad assimilare almeno un po' di quel nuovo linguaggio musicale che questo elegante tipo con i capelli corti e chitarra doppio manico stava distribuendo al mondo.

Infatti McLaughlin influenzò tantissimo e tantissimi musicisti a livello compositivo, di approccio, e non solo chitarristicamente; finanche personaggi straordinari come Frank Zappa (lo si può cogliere ascoltando gli irruenti assoli nei dischi di quell'epoca come *The Grand Wazoo* ma anche in alcuni di quelli successivi), Robert Fripp (evidentissimo nel brano *Groon* e in generale nelle sue linee più ellittiche e spigolose), Al Di Meola e Jeff Beck (*Blow By Blow* e *Wired*): beninteso che loro hanno miscelato ciò con le proprie enormi risorse musicali arricchendosi e certo non emulando pedissequamente nulla.

I MIGLIORI ASSOLI

Solista
1969 – da Extrapolation: *Extrapolation*
1969 – da Extrapolation: *It's Funny*
1970 – da Devotion: *Devotion*
1978 – da Electric Guitarist: *New York on My Mind*
1978 – da Electric Guitarist: *Every Tear from Every Eye*
1978 – da Electric Guitarist: *Do You Hear the Voices That You Left Behind?*
1979 – da Electric Dreams: *Electric Dreams, Electric Sighs*
1979 – da Electric Dreams: *The Unknown Dissident*

Con la Mahavishnu Orchestra
1971 – da The Inner Mounting Flame: *Meeting of the Spirits*
1971 – da The Inner Mounting Flame: *Dawn*
1973 – da Birds of Fire: *Birds of Fire*
1974 – da Apocalypse: *Vision Is A Naked Sword*
1974 – da Apocalypse: *Smile of the Beyond*
1975 – da Visions of the Emerald Beyond: *Eternity's Breath, Pt. 2*
1975 – da Visions of the Emerald Beyond: *Cosmic Strut*
1975 – da Visions of the Emerald Beyond: *Earth Ship*
1976 – da Inner Worlds: *The Way of the Pilgrim*

Robert Fripp

A proposito di un chitarrista sempre seduto, con gli occhiali da vista e mai una smorfia...
Un chitarrista che abbia un approccio alla sperimentazione e manipolazione sonora e uno spiccato senso del "gancio" canzone parificabile a Jimi Hendrix, e al contempo una sapienza teorica musicale con altissime precisioni tecniche analoghe a John McLaughlin, e di questi due paragonabili capacità compositive e di leadership di band, non è una chimera: risponde al nome di sua musicale maestà britannica Robert Fripp. Lui è un chitarrista scienziato, altamente creativo.
Tuttora in attività si è affacciato al proscenio nel lontano 1969 con un album che davvero ha fatto epoca: *In The Court Of Crimson King* dei King Crimson.
Per i chitarristi elettrici solisti è quasi d'obbligo essere in qualche maniera influenzati dal sanguigno rock-blues, con note acute tirate e gridate, a volte sussurrate, comunque dinamici fraseggi, lui no: per gli assoli Fripp adotta un particolare suono che sembra di

una tastiera[8], un miscuglio tra un oboe e un clarino (bassi), omogeneo sia nel timbro sia nella dinamica ne consegue un fraseggio uniforme: anche solo per questo... Ma lui ha fatto molto di più. Fripp sin da questo disco si è subito differenziato ed elevato, nel brano che apre l'album, *21st Century Schizoid Man*, con acidissimi accordi distorti, e per un grande assolo su una tiratissima base blues (in minore) senza ricorrere ad alcun *lick*: improvvisa con un originale linguaggio composto di poche e scelte note lunghe con pochi bending e qualche cromatismo.

Nei due straordinari dischi in coppia con Brian Eno, *(No Pussyfooting)* e *Evening Star*, ha creato, mediante un sistema complicato da lui messo a punto denominato Frippertronics (chitarra collegata a due registratori a bobine connessi tra loro in modo particolare), dei meravigliosi loop di chitarra che intessono trame musicali eccezionali (con aggiunti suoi ulteriori interventi e assoli) chiamati giustamente *soundscapes* (paesaggi sonori parenti alla musica d'avanguardia di Terry Riley, Philip Glass, Steve Reich e altri).

Ha influenzato moltissimi chitarristi, pure alcuni fuoriclasse come Allan Holdsworth per l'algido e rapido fraseggiare quasi come una tastiera, e Bill Frisell (e il meno conosciuto David Torn) per l'enorme spettro d'intervento e le sperimentazioni sonore a tutti i livelli. Il suo linguaggio è caratterizzato da esotiche digressioni nelle improvvisazioni, pertanto scale alternative rispetto a quelle comunemente usate, sapienza nelle variazioni tematiche, un particolare uso del legato, e un caratteristico veloce vibrato (talvolta

---

[8] Ha adottato un pedale di distorsione fuzz piuttosto raro pure all'epoca, si chiamava Buzzaround.

ottenuto muovendosi in asse alla corda, alla maniera dei chitarristi classici).

Insomma, Fripp da improvvisazioni parajazzistiche modaleggianti che siano felpate o acide e con accenti esotici, a quelle più "free", o ad assoli ultra melodici, passando per i *loop* con il frippertronics.

I MIGLIORI ASSOLI

Con i King Crimson
1969 – da In the Court of the Crimson King: *21st Century Schizoid Man*
1969 – da In the Court of the Crimson King: *Moonchild (The Illusion)*
1970 – da In the Wake of Poseidon: *Pictures of a City*
1970 – da In the Wake of Poseidon: *Cat Food*
1970 – da Lizard: *Lizard (Prince Rupert's Lament)*
1971 – da Islands: *Sailor's Tale*
1971 – da Islands: *Ladies Of The Road*
1972 – da Earthbound (live): *Earthbound*
1973 – da Larks' Tongues in Aspic: *Exiles*
1973 – da Larks' Tongues in Aspic: *Easy Money*
1973 – da Starless and Bible Black: *The Night Watch*
1974 – da Red: *Providence (live)*
1975 – da Live in USA (live): *Asbury Park*

Con Brian Eno
1973 – da (No Pussyfooting): *Swastika Girls*
1975 – da Evening Star: *Evening Star*

Brian May

Brian May è stato tra più importanti chitarristi elettrici in assoluto. Non semplicemente perché ha fatto parte di uno dei gruppi rock più pregevoli e apprezzati della storia di questo genere, i Queen, ma perché si è distinto dagli altri chitarristi nell'andare a costruire, con il suo strumento, musica a tutto tondo. Amplissimo spettro applicativo caratterizzante appunto la musica del suo gruppo del tutto basata sulle tessiture di voci e chitarre. Le sue parti chitarristiche, maestose in termini di quantità e straordinarie in termini di qualità, sono da antologia, da manuale del perfetto chitarrista rock.

Ha fatto di tutto: dalle convenzionali parti ad accordi aggressivi a quelle polifoniche che tanto hanno innervato e sostenuto e reso peculiare la musica dei Queen, alla diffusa e abile applicazione di filtri ed effetti (come quelli di eco), giungendo alle parti solistiche a commento del cantato e agli assoli propriamente detti.

Sin dal primo disco dei Queen (registrato in pieno 1972 pubblicato in estate del '73), acerbo ma già buono, ha, col suo esercito polifonico di chitarre armonizzate, stabilito dei primati in termini di

quantità e qualità: nessuno tanto e bene come lui nel progettare e realizzare parti raffinate e creative tanto efficaci per l'economia dei brani.

Ciò ha mostrato che un chitarrista rock non è soltanto l'affascinante scapestrato e scapigliato guerriero con l'ascia in mano che, ispirato, si erge e si lancia come un moderno *Braveheart* in interminabili duelli tra la base musicale del resto del gruppo e se stesso. Eccitanti ma un po' fini a se stessi a livello squisitamente musicale. Brian May non solo creativo architetto e colto ingegnere di magnifiche edificazioni armonico-melodiche tramite sovraincisioni di innumerabili linee monofoniche che sfruttavano elementi di verticalizzazione armonica parecchio estranea alla cultura e alla pratica dei chitarristi rock (solo Steve Vai ha ripreso meritatamente tale abilità d'ingegno), ma alla bisogna anche accompagnamenti più ortodossi con accordi, sempre incisivi e personali anche solo per il timbro molto saturo e scuro: di solito era il contrario. E, naturalmente, le parti di assoli nei quali addensava molte di queste peculiarità...

Alcuni riferimenti delle peculiarità del suo enorme lavoro, che andava ben oltre quello di normale amministrazione del bravo chitarrista rock con radici blues, si trovano già nel disco d'esordio.

Tecnicamente ineccepibile e non solo in termini di "pulizia", ma in quelli di controllo delle tante possibilità di articolazione che offre la chitarra elettrica e che lui sfruttava a fondo, imprimendo personalità al suo suonato; intonatissimo ed estremamente melodico nel tracciare linee che non erano semplici varianti e parafrasi di quelle già notevolissime cantate da Mercury, ma indipendenti e altrettanto importanti, basti ascoltare tutti gli assoli dei loro brani più famosi. L'agilissimo e rapido swing con cromatismi di molti suoi interventi e assoli è inconfondibile (in parte soltanto Steve Morse ha mostrato questa caratteristica).

Brian May è un importante chitarrista rock perché ha interpretato benissimo quel che già qualche anno prima di lui stavano facendo altri chitarristi e lo ha ampliato notevolmente.

I MIGLIORI ASSOLI

1973 – da Queen I: *Doing All Right*
1973 – da Queen I: *Great King Rat*
1973 – da Queen I: *Liar*
1974 – da Queen II: *Procession/Father to Son*
1974 – da Sheer Heart Attack: *Brighton Rock*
1974 – da Sheer Heart Attack: *Killer Queen*
1974 – da Sheer Heart Attack: *Flick of the Wrist*
1975 – da A Night at the Opera: *Sweet Lady*
1975 – da A Night at the Opera: *Bohemian Rhapsody*
1976 – da A Day at the Races: *Somebody to Love*
1977 – da News of the World: *We Will Rock You*
1977 – da News of the World: *Sleeping on the Sidewalk*
1977 – da News of the World: *It's Late*
1978 – da Jazz: *Mustapha*
1978 – da Jazz: *Dreamer's Ball*

Al Di Meola

Al Di Meola, si affacciò alla ribalta nel 1974, sostituendo quel gran chitarrista che era Bill Connors alla corte di Chick Corea nel suo gruppo Return To Forever, debuttando nemmeno ventenne col disco *Where Have I Known You Before*. Seguirono altri due dischi nei due anni successivi e Di Meola crebbe, fino al suo debutto nel 1976 col clamoroso *Land of the Midnight Sun*.

Di Meola porta alle estreme conseguenze il discorso intrapreso qualche anno prima da John McLaughlin: una fusione totale di elementi musicali molto lontani.

La sua musica è più lineare (e più latina) di quella della Mahavishnu Orchestra, conseguente da quella dei Return To Forever. Pure il chitarrismo *dimeoliano* è più lirico e levigato di quello maggiormente impressionistico e sorprendente di McLaughlin. Comunque velocissimo.

Peraltro Di Meola ha inventato una tecnica a corde stoppate che è pertanto il suo marchio di fabbrica: così accentua moltissimo la percussività e la dinamica del suonato (nel decennio successivo l'ha in pratica abbandonata).

EROI ELETTRICI

Già col suo primo disco *Land Of The Midnight Sun* il pubblico più attento e appassionato di brani complessi ma spumeggianti e della chitarra virtuosistica, si rese conto che una nuova stella era nata. Seppur tuttora in proficua attività è nei primi anni che ha dato il meglio di sé, in particolare nella prima trilogia e col celebre disco dal vivo in trio con Paco De Lucia e McLaughlin: *Friday Night In San Francisco*.

In seguito ha avuto il coraggio di cambiare strada, si è avvicinato a mondi musicali più pacati, suoni meno aggressivi, usando anche la chitarra sinth, miscelando l'elettronica spinta con l'acustico: tutto con ottimi risultati.

Al è poderoso e inesorabile nella sua dizione e articolazione musicale, ama poco swingare e terzinare ma è ricchissimo di dinamiche e spunti ritmici. Insomma le differenze rispetto al Re britannico della chitarra elettrica più nobile e avanzata sono evidenti: più contorto e geniale McLaughlin con screziature musicali prog, più semplice e diretto con tendenza alla melodia Di Meola. Egli tende ad utilizzare le composizioni come sfondo (seppur lussuosissimo) per la sua chitarra che risalta quindi di più. Il suo lessico non è sofisticato come quello di altri più legati al Jazz: incline alle scale maggiori e minori con qualche escursione pentatonica e spagnoleggiante. Anche quando più disteso e melodico è di "attacco"; ciononostante a volte riesce a imprimere alle sue frasi direzioni alquanto ellittiche tramite larghi arpeggi di quarte e quinte.

I MIGLIORI ASSOLI

Con i Return To Forever
1975 – da No Mistery: *Flight of the Newborn*
1976 – da Romantic Warrior: *Duel of the Jester and the Tyrant*

Solista

1976 – da Land of the Midnight Sun: *Land Of The Midnight Sun*

1976 – da Land of the Midnight Sun: *Golden Dawn*

1977 – da Elegant Gypsy: *Race With The Devil On a Spanish Highway*

1978 – da Casino: *Egyptian Danza*

1978 – da Casino: *Casino*

Con Stomu Yamashta

1976 – da Go: *Stellar*

1977 – da Go Too: *Seen You Before*

1977 – da Go Too: *Mysteries of Love*

Larry Carlton

Larry Carlton è un chitarrista elettrico molto importante poiché sin dal suo esordio nel 1973[9], e poi nei dischi di importanti gruppi come The Crusaders e Steely Dan e dopo (e parallelamente) nei suoi dischi solisti (dall'omonimo del '78), è stato in sostanza il primo che ha perfezionato l'essere un chitarrista del genere Fusion. Ovvero un chitarrista elettrico (solista) in grado di suonare con tecniche e quindi pronunce di natura blues alla maniera di B.B. King/Eric Clapton insieme con un linguaggio jazz alla Wes Montgomery. E questo suo essere "bilingue" è amalgamato immediatamente, e non semplicemente accostando Blues e Jazz alla bisogna, in momenti diversi. Dunque ha espresso un chitarrismo che è una fluida sintesi fra la lirica "vocalità" bluesy e la complessa articolazione lessicale jazzy, che (tra l'altro) necessita di suonare correttamente su sequenze armoniche talvolta molto complesse, di norma sconosciute non solo al Blues, ma pure ad altri generi

---

[9] In verità appena ventenne nel '68 registrò un album di cover in tardo stile Wes Montgomery (*With a Little Help from My Friends*)

come per esempio il Rock.

Carlton è perciò un chitarrista con uno stile elegantissimo che ha influenzato un'intera generazione di chitarristi, soprattutto professionisti; egli d'altronde per molti anni è stato il session man più richiesto anche perché oltre a essere capace di eseguire assoli lunghi e articolati ma anche stringati e incisivi, è molto abile e sapiente pure nell'accompagnamento.

Importanti chitarristi fusion come Jay Graydon, Lee Ritenour, finanche Steve Lukather dei Toto, gli sono debitori, ma il suo epigono più importante è Robben Ford, il quale a sua volta è stato, nei decenni successivi all'avvento di Carlton, il riferimento principale dei chitarristi fusion.

I MIGLIORI ASSOLI

Solista
1973 – da Singing / Playing: *Easy Evil*
1973 – da Singing / Playing: *With Respect To Coltrane*
1973 – da Singing / Playing: *Free Way*
1978 – da Larry Carlton: *Room 335*
1978 – da Larry Carlton: *(It was) Only Yesterday*
1981 – da Strikes Twice: *Strikes Twice*
1981 – da Strikes Twice: *Mulberry Street*
1981 – da Strikes Twice: *In My Blood*
1987 – da Last Nite: *Last Nite*

Con The Crusaders
1974 – da Southern Comfort: *Whispering Pines*

Con i Steely Dan
1976 – da The Royal Scam: *Kid Charlemagne*

Con Christopher Cross
1979 – da Christopher Cross: *The Light Is On*

Pat Metheny

Pat Metheny è in assoluto tra i più grandi chitarristi-compositori contemporanei, emerso sin dalla metà degli anni Settanta, ha consolidato la sua fama nei decenni successivi. Fu ammiratissimo nell'ambiente un po' snob di appassionati e studenti di musica jazz.
Metheny dal '76, nell'arco di circa un ventennio, ha connesso in modo innovativo tanta di quella musica (generi e stili) da far girare la testa, sia come compositore sia come chitarrista; col suo Pat Metheny Group (coadiuvato dall'ottimo Lyle Mays) ha prodotto una Fusion complessa e originale, anche perché non era funkeggiante, era rilassata e discorsiva, screziata di Brasile e dintorni. Melodica ed evocativa, musica che scorre come immagini di un road movie. Come chitarrista solista, stupendo affabulatore di intricate e rapidissime linee cromatiche ma anche molto disteso, lirico e cantabile, seppur molto apprezzato e imitato già per il suo lavoro individualissimo col Pat Metheny Group, ha saputo elevarsi al rango massimo mediante i suoi dischi di natura più jazz: stilisticamente più serrato in queste occasioni, più lirico nelle altre.

Nei primi dieci anni di carriera tendeva a essere più netto nel separare queste componenti stilistiche, in seguito le ha più amalgamate.

Inoltre ha usato un timbro della chitarra semiacustica piuttosto effettata che ha fatto epoca: un po' gracile, con una sorta di chorus e leggero delay. Altresì uno dei primi a usare (ogni tanto) la chitarra sinth, ovviamente ampliando la sua paletta timbrica (in verità ha usato solo un timbro che rammenta una tromba, rendendo ancora più caratteristica la sua "deviazione"), ma soprattutto il suo suonato: ancor più lirico.

La sua discografia è ampia e articolata, le opere più importanti sono il debutto *Bright Size Life,* leader del trio con Bob Moses e Jaco Pastorius; poi il primo del Pat Metheny Group, l'omonimo del '78, e a seguire *Offramp*, *First Circle* e *Still Life*. Ancora a suo nome, *80/81* e *Question and Answer*; come co-leader *As Falls Wichita, So Falls Wichita Falls* (con Lyle Mays), *Song X* (con Ornette Coleman), *I Can See Your House from Here* (con John Scofield) e *Jim Hall & Pat Metheny*.

I MIGLIORI ASSOLI

1976 – da Bright Size Life: *Bright Size Life*
1978 – da Pat Metheny Group: *Phase Dance*
1978 – da Pat Metheny Group: *Lone Jack*
1980 – da 80/81: *Turnaround*
1982 – da Offramp: *Are You Going With Me?*
1982 – da Offramp: *Au Lait*
1982 – da Offramp: *James*
1983 – da Travels: *Song For Bilbao*
1984 – da First Circle: *Tell It All*
1989 – da Question and Answer: *All The Things You Are*

Allan Holdsworth

Nonostante l'indubbio talento e la genialità, Allan Holdsworth ha dovuto faticare non poco per essere riconosciuto come meritava. Ha iniziato a cavallo tra i '60 e i '70, ed è emerso discograficamente partecipando nel 1972 al disco *Belladonna* di Ian Carr (dei Nucleus), poi nei Tempest di Jon Hiseman, in seguito affiancato e sostituito da colui che per qualche tempo rappresentò il suo alter ego stilistico nel versante rock: il troppo sottovalutato ma grandissimo Ollie Halsall, che confluì nei Tempest dopo lo scioglimento dei Patto. Nel 1976 Holdsworth tentò la via "solistica", costituendo un fantastico quartetto, chiamando a sé Alphonso Johnson, Alan Pasqua e Narada Michael Walden; pubblicò *Velvet Darkness*, di cui però in seguito non fu molto soddisfatto.

Il suo vero e proprio debutto come leader si ebbe solo nel 1982 con *I.O.U.*, dopo peraltro un periodo alquanto buio: scarsissimi risultati, scoraggiamento del nostro, che era addirittura sul punto di abbandonare la carriera.

Però a quel punto intervenne una rockstar, Eddie Van Halen, che lo aiutò moltissimo per dare alle stampe un EP, *Road Games*, che

fu una mano santa... Da qui in poi iniziò davvero la carriera come leader di questo titano musicale.

La sua maniera di suonare il legato, l'uso della leva, la velocità, le scelte armoniche e melodiche delle proprie composizioni e improvvisazioni, sono quanto di più originale si possa trovare.

Ha sempre prediletto suoni con moltissimo gain per ottenere eccezionale fluidità esecutiva, e ha compiuto una costante ricerca sul timbro degli amplificatori, cambiandone tantissimi.

Storicamente sono stati tre i più grandi chitarristi del Jazz-Rock: John McLaughlin, Al Di Meola e Allan Holdsworth. Ed è curioso notare che due sono britannici e uno, Di Meola, americano di chiare origini italiane.

Holdsworth si differenzia da McLaughlin e Di Meola per varie ragioni, due le più evidenti: la sua carriera come leader ha fatto molta fatica a realizzarsi, e sicuramente non ha avuto il successo di pubblico degli altri due; il suo stile chitarristico, seppur come gli altri due basato sulla rapidità, privilegia l'articolazione tecnica del legato (dopo aver dato l'impulso con la mano destra, congiunge le note immediatamente seguenti tastandole solo con la sinistra), mentre McLaughlin e Di Meola sono dei formidabili plettratori (suonano una a una la stragrande maggioranza delle note con la mano destra), e usa la leva vibrato.

Il suo stile risente dell'influenza jazzistica, in special modo coltraniana; il Coltrane dei Sessanta, quello dei cosiddetti *sheets of sound*, con l'intricata affabulazione di ragguardevoli nodi armonici e melodici sciolti con l'estrema fluidità di rapidissime linee con orbite molto ellittiche che raramente atterrano, talvolta alternate da intense escursioni liriche sul registro basso, più spesso alto e altissimo. Sovente sostanzia quel punto magico ove gli opposti si congiungono confluendo l'uno nell'altro, frasi velocissime con lentissime, registri alti e bassi.

Di Coltrane Holdsworth ha ripreso anche la dedizione quasi ascetica di ricerca musicale volta a raffinare sempre più un itinerario che predilige dunque una verticalizzazione degli assetti musicali, ossia meno ampiezza di orizzonte e quindi differenziazioni di esiti per concentrarsi sull'esplorazione quasi ossessiva di alcune inusitate dimensioni per perfezionarle nel tempo, rendendole sempre più radicali, per librarsi e raggiungere sommità.

I MIGLIORI ASSOLI

Con i Soft Machine
1975 – da Bundles: *Bundles*
1975 – da Bundles: *Land of the Bag Snake*
Con Tony Williams Lifetime
1975 – da Believe It: *Snake Oil*
1975 – da Believe It: *Mr Spock*
1976 – da Million Dollar Legs: *Inspirations Of Love*
Con i Gong
1976 – da Gazeuse!: *Expresso*
Con Jean-Luc Ponty
1977 – da Enigmatic Ocean: *Enigmatic Ocean part III*
Con gli U.K.
1978 – da U.K.: *In The Dead Of Night*
Solista
1976 - da Velvet Darkness: *Velvet Darkness*
1983 - da Road Games: *Three Sheets To The Wind*
1983 - da Road Games: *Road Games*
1984 - da Metal Fatigue: *Devil Take The Hindmost*
1986 - da Atavachron: *Funnels*
1996 - da None To Soon: *Isotope*

John Scofield

Gli esordi di John Scofield sono piuttosto clamorosi: poco più che ventenne (1974) sul palco del Carnegie Hall con due grandi del Jazz come Chet Baker e Gerry Mulligan per registrare un bel disco di Jazz ammodernato da nuovi talenti e da una seppur moderata elettricità. Nel 1976 con un'altra formidabile coppia, ma Jazz-Rock: Billy Cobham e George Duke per una tournee e la pubblicazione di un disco live notevoli (aveva nel '75) già partecipato a un disco di Cobham).
Scofield è quello più vicino a un'estremizzazione del sinuoso e fluente Jazz e al minimalismo di note piegate e attorcigliate rock-blues. Il tutto spesso connesso in modo cartesiano da linee angolatissime. Sul finire degli anni Settanta ha intrapreso una carriera solista pubblicando molti dischi, alcuni dei quali pietre miliari del Jazz elettrico e della Fusion, che continua ancor oggi. Nei primi anni Ottanta l'esperienza di essere per circa tre anni il chitarrista (impiegato anche in veste di compositore) del divino Miles Davis. Suoi primi maestri chitarristici sono i bluesman tipo B.B. King, poi Wes Montgomery; successivamente Jim Hall (nel pratico senso:

per un breve periodo suo allievo). Ha collaborato con i più grandi chitarristi della sua generazione, in particolare con Bill Frisell e Pat Metheny.

Il suo stile (anche compositivo) è così ricco e sfaccettato che è pressoché inimitabile. Ha dalla sua un'articolazione tecnica (e quindi un'espressività e timbro) fuori dal comune, in particolare gli amplissimi salti di corde e la straordinaria microdinamica nel tocco, che gli consente di affrontare comodamente e gran profitto eterogenee situazioni. Che siano indolenti e funkeggianti groove binari, o rapidi walkin'-swing è sempre a suo agio nello scolpire profonde linee nella roccia o generare liquidi quanto stupefacenti serpeggi di note su complicate armonie che domina mediante tanto sapienti quanto eleganti connessioni; in ogni caso gli elementi comuni nelle due dimensioni sono le angolari tensioni che costruisce.

I MIGLIORI ASSOLI

Con Billy Cobham / George Duke Band
1976 – da "Live" On Tour In Europe (live): *Hip Pockets*
Solista
1978 – da East Meets West: *Public Domain*
1978 – da East Meets West: *Amy (Who Else?)*
1982 – da Shinola: *Yawn*
1984 – da Electric Outlet: *Thanks Again*
1986 – da Still Warm: *High and Mighty*
1989 – da Flat Out: *All the Things You Are*
1990 – da Time on My Hands: *Since You Asked*
1995 – da Groove Elation: *Carlos*

Eddie Van Halen

Eddie Van Halen è sempre stato considerato il chitarrista che ha traghettato la chitarra rock dalla vecchia terra alla nuova, l'unico dopo Hendrix che sia riuscito a imprimere un'accelerazione, anche nel senso letterale del termine, alla crescita e maturazione del neorocker.

Diverse cose ne hanno determinato la rapidissima ascesa: il periodo storico, le capacità tecniche, l'abilità nel renderle musicali, la nuova immagine di *guitar hero* non più tenebroso, esoterico, contorto e perennemente arrabbiato con il mondo, ma fresco, semplice e spontaneo. E i suoni inusitati ed estremi, le urla e i fischi (o al contrario i colori timbrici generati quasi costantemente mediante i semiarmonici artificiali da una impegnatissima mano destra) e le linee fluidissime che Van Halen già dal primo disco aveva tirato fuori da una comune chitarra elettrica, furono oggetto, prima di stupore e curiosità, poi di forsennati tentativi di emulazione, quindi innalzati a nuovi parametri di giudizio per i neorocker.

Gli elementi tecnici innovativi introdotti da Van Halen furono vari e devastanti per la vergine mano destra e per le innocenti chitarre: oggi tutti i chitarristi e non solo rock, conoscono e applicano il famigerato *tapping*, ossia la tecnica di suonare le note direttamente sulla tastiera con la mano usata comunemente per plettrare, che è stato ispirato a Eddie dall'ascolto di *Heartbreaker* dei Led Zeppelin, e dal suo conseguente tentativo (riuscito) di riprodurlo[10]; il tapping è quindi diventato nel giro di alcuni anni patrimonio tecnico comune: prima acclamato, poi studiato e sfruttato, per alcuni è diventato il principale modo di suonare e da molti anni dato quasi per scontato. Anche la leva del vibrato è stata resa popolare dalle gesta di Eddie: fino ad allora era stata piuttosto ignorata, lo stesso Beck ci si era appena avvicinato, (poi negli anni '80 l'ha usata pesantemente), solo Hendrix e Blackmore l'avevano un po' sfruttata, ma comunque mai in maniera sistematica e massiccia tanto da farla diventare una nuova frontiera tecnica su cui misurarsi. L'impatto è stato così devastante che addirittura l'industria si mise in moto: la prima chitarra (su disco) di Eddie è stata una Strato customizzata con un humbucker al ponte e la leva Fender che ovviamente, "causa maltrattamenti", spesso non era affidabile come resistenza strutturale e accordatura. Il risultato di ciò fu che nel volgere di poco tempo sono nati vari tipi di ponti con leve come che permettevano una maggiore escursione tonale e tenuta dell'accordatura.

Andando ad analizzare il suo lavoro si può notare che ha nei suoi soli una predisposizione per le linee flash e mozzafiato: quando

---

[10] Van Halen non è l'inventore della tecnica del tapping, che era conosciuta già decenni prima; tuttavia l'ha usata in modo diffuso e peculiare ed essendo chitarrista di un gruppo molto popolare, il tapping è divenuto patrimonio comune del chitarrismo mondiale.

Eddie parte con il solo si ha l'impressione di un vulcano che erutta! Si ha la netta sensazione che le tante idee che gli vengono in mente, voglia metterle in pratica tutte insieme e al momento. Infatti l'architettura dei suoi soli è bizzarra (come per Jeff Beck): raramente rispondono ai dettami più classici e cioè introduzione, sviluppo e chiusura, con una parabola di climax sempre crescente, ma si affastellano fischi, botti e ruggiti insieme a scale fluide e velocissime senza un apparente legame, in realtà il suo stile a frasi brevi di una o due battute, pur non avendo un evidente contatto con la tradizione blues, è quasi sempre nella logica della domanda e risposta tipica del Blues; vere tendenze bluesy le ha avute nel terzo disco (*Women and Children First*) dove si è cimentato addirittura con lo slide, anche se tracce esplicite le possiamo notare già nel primo disco nel brano *Ice Cream Man*.

A Van Halen si può rimproverare quella piccola incoerenza che è la riproduzione piuttosto fedele dal vivo di ciò che è stato frutto di estemporaneità in studio e anche un'oggettiva povertà melodica che a parte qualche davvero rara occasione, è evidente nei suoi soli. Ma questo si può tranquillamente perdonare a chi ci ha dato tanto.

I MIGLIORI ASSOLI

1978 – da Van Halen: *Eruption*
1978 – da Van Halen: *I'm The One*
1978 – da Van Halen: *Feel Your Love Tonight*
1978 – da Van Halen: *Little Dreamer*
1979 – da Van Halen II: *You're No Good*
1979 – da Van Halen II: *Women In Love*
1980 – da Women and Children First: *Loss Of Control*
1981 – da Fair Warning: *Mean Street*

1984 – da 1984: *Jump*
1986 – da 5150: *Love Walks In*

Bill Frisell

Bill Frisell è il chitarrista che più congiunge, in modo creativo e quindi originale, moltissimi generi e stili, sia musicali sia prettamente chitarristici.

Attivo discograficamente dai primi anni '80 sia come leader di propri progetti sia come collaboratore di altri o semplicemente ospite in qualità di chitarrista.

Il suo enorme spettro è, in somma sintesi, quello di un chitarrista rock con uso di bending, leva vibrato ed effetti vari (epigono iper elettrico di tecnica slide-steel), con linee melodiche e accordi jazz e tentazioni free.

Per inquadrarlo rapidamente, citando solo le discendenze più famose, si può immaginare Frisell come una creatura musicale che nasce immersa nel country-blues imparando il clarinetto, e consanguinea a Hendrix e Fripp, Jim Hall e Wes Montgomery; pertanto con carattere di aggressività, finezze quasi cameristiche, sperimentazioni sonico-elettroniche con sfumature etniche nonché free, droni e swing.

L'acquisita sapienza armonico-melodica jazzistica, veicolata con

l'uso del pedale volume con stratificanti effetti di riverbero ed eco, filtraggi di ogni tipo, finanche la chitarra sinth, ha permesso a Frisell esplorazioni e realizzazioni musicali notevolissime anche in termini compositivi, riscontrabili innanzitutto nei suoi primi dischi solisti (*In Line, Rambler, Lookout for Hope, Before We Were Born, Is That You?, More News for Lulu, Where in the World?, Have a Little Faith*), e nelle tantissime collaborazioni (Lyle Mays, Bob Moses, Paul Motian, John Zorn e Naked City, Elvis Costello, David Sylvian, coi Bass Desires di Marc Johnson in coppia con John Scofield).

Dove tanti chitarristi si determinano da quante note suonano e con quanta energia, Frisell si è ricavato un posto nella storia musicale in virtù del suo suono *ambient*, talvolta "rumoristico", ma anche molto melodico e lirico.

Frisell lotta per flettere le note, curvarle, e farle vivere; glissa assiduamente l'intonazione fratturando il continuum frequenziale per passare da una nota all'altra similmente agli strumenti che non hanno i semitoni prestabiliti: rifiuta il destino di una nota stabile, anche microtonalmente, precisa nella sua inamovibilità letale.

Che siano brani composti da lui o da altri, arrangiamenti di pezzi pop o classici, spumeggianti onde di suoni alla ribalta o tremolanti e isolate note sullo sfondo, che si tratti di accompagnare o andare in assolo, Bill Frisell è sempre a suo agio ed è spesso decisivo nel definire qualsiasi scenario musicale.

Estremo.

I MIGLIORI ASSOLI

1983 – da In Line: *Throughout*
1985 – da Rambler: *Rambler*

1985 – da Rambler: *Resistor*
1985 – da Rambler: *Strange Meeting*
1988 – da Lookout For Hope: *Lookout For Hope*
1989 – da Before We Were Born: *Before We Were Born*
1989 – da Before We Were Born: *Some Song and Dance*
1989 – da Before We Were Born: *Freddy's Step*
1989 – da Before We Were Born: *Love Motel*
1992 – da Have a Little Faith: *Live To Tell*

Con Marc Johnson
1986 – da Bass Desires: *Resolution*
1986 – da Bass Desires: *Black Is Color Of My True Love's Hair*
1987 – da Second Sight: *Thrill Seekers*

Con Power Tools
1987 – da Strange Meeting: *Wadmalaw Island*

Con Paul Motian
1988 – da Monk in Motian: *Crepuscule With Nellie*
1988 – da Monk in Motian: *Trinkle Tinkle*

Joe Satriani

Joe Satriani e Steve Vai sono gli ultimi grandi chitarristi rock. Ed è tutto dire, considerato che sono apparsi sulla scena circa oltre trent'anni fa, ma tant'è.

Altri, in seguito, hanno suonato linee ancor più velocemente di loro e con più fischi e botti, riducendo la chitarra a uno strumento da circo, e con ridottissima capacità espressiva a tutto tondo: fiacchi, poco intensi e sferzanti, quindi insufficienti nelle caratteristiche proprie del Rock. Figuriamoci nelle sfumature.

E quelli più vigorosi e sanamente "cattivi" suonavano come i chitarristi dei decenni precedenti.

Qualcuno di quelli più circensi si è però distinto, come Greg Howe, partendo dal rock-neoclassico di derivazione malmsteeniana si è avvicinato al genere Fusion/Jazz-Rock, allargando gli orizzonti (ma non approfondendo molto): bene! Sì ma...

Solo Satriani (e Vai) è riuscito a esprimere un originale mix tra il moderno, aggressivo e autentico "vibe" rock e qualche sviluppo del linguaggio: matrice vanhaleniana con qualche spunto di tecnica e di idioma più colto di estrazione holdswortiana.

Lui, un moderno chitarrista rock che fuse in modo originale quelle innovazioni, sfruttandole con gusto nella propria musica che, seppur semplice, traeva dalla sua chitarra elettrica la linfa vitale che ancor oggi scorre.

Chitarristicamente il primo disco *Not of This Earth* (1986) è il più importante, molte sue cose già mature sono lì. Quello più di successo il seguente *Surfing With The Alien* (1987), il terzo, *Flying in a Blue Dream* (1989) ancora notevoli spunti, quello più eterogeneo tra pezzi quasi radiofonici (anche cantati) e le sua musica squisitamente chitarristica.

Da sottolineare che Satriani insieme con Vai sono i fautori più importanti (tra i chitarristi) di quelle procedure di composizione/realizzazione dei propri brani mediante il cosiddetto *home recording*, che negli anni Ottanta si stava facendo strada tra i giovani rockers e non, approfittando delle dotazioni tecnologico-elettroniche che si stavano diffondendo anche al di fuori dei grandi studi di registrazione. Ciò ha permeato, non sempre in modo costruttivo, anzi, il modo di fare musica delle nuove generazioni che da soli a casa, senza confronti e apporti di altri peraltro in tempo reale, producevano i loro pezzi.

I MIGLIORI ASSOLI

1986 – da Not of This Earth: *Not of This Earth*
1986 – da Not of This Earth: *The Snake*
1986 – da Not of This Earth: *Rubina*
1986 – da Not of This Earth: *Brother John*
1986 – da Not of This Earth: *The Enigmatic*
1986 – da Not of This Earth: *Hordes of Locusts*
1987 – da Surfing with the Alien: *Always With Me, Always With You*
1987 – da Surfing with the Alien: *Echo*

1989 – da Flying in a Blue Dream: *The Mystical Potato Head Groove Thing*
1989 – da Flying in a Blue Dream: *Day at the Beach (New Rays from an Ancient Sun)*

Steve Vai

Steve Vai (con Joe Satriani) è stato il chitarrista rock più importante dell'era post Edward Van Halen; dunque degli ultimi trent'anni. Primato dovuto anche per l'oggettiva crisi che ha attanagliato la musica di questo periodo (e non solo di genere Rock); ma tant'è.
Se è vero come è vero che in quegli anni ci fu un altro chitarrista di gran talento, seguitissimo dagli appassionati, ovvero Yngwie Malmsteen, è altrettanto vero che il tasso d'innovazione e duttilità che Steve Vai ha dimostrato è certamente superiore; incomparabile.
Vai incarna un modello di chitarrista rock particolarmente multiforme, cioè un impetuoso funambolo dello strumento elettrico allo stesso tempo colto e sofisticato: un chitarrista che ha coniugato con personalità le lezioni di Hendrix e Van Halen con quelle di Brian May e Al Di Meola, oltre, naturalmente, a quella, enorme, del suo padre putativo: Frank Zappa.
Forse la discendenza chitarristica di Vai nei confronti di May e Di Meola è meno manifesta di quella da Hendrix/Van Halen (suoni

inusitati, leva vibrato, strilli e tapping) e Zappa (tecnica articolativa del fraseggio ritmico ed etniche scelte armonico-scalari), tuttavia del chitarrista dei Queen è parente la grandissima cura formale sia esecutiva che sonica, insieme con la straordinaria capacità nell'orchestrare incredibili plotoni di chitarre armonizzandole polifonicamente; di Al Di Meola il rapidissimo, aggressivo e nettissimo plettrato, con talune linee melodiche canterine di carattere classico-diatonico, a volte innestate in eterogenee tessiture musicali anche in "unisono" con altri strumenti.

Oltre il suo stile strumentistico anche la composizione dei brani risente di questa pletora di importanti e variegati lignaggi, pertanto sovente la sua musica è articolata e impegnativa, molto più di quella del "fratello" Satriani (amici sin da ragazzi: Vai prese lezioni da lui), più semplice e diretto.

Steven Sirio (questo il suo nome per esteso) è attivo discograficamente dagli anni Ottanta: dopo l'ingaggio ('80-'82) con quel genio che risponde al nome di Frank Zappa, ha debuttato nel 1984 con l'ottimo *Flex-Able*. Poi una piccola ma importante serie di supplenze. Su quest'onda finalmente nel 1990 il suo secondo disco solista, *Passion and Warfare*, il suo capolavoro. In seguito una serie di buoni e ottimi dischi, tra cui spicca *Sound Theories* del 2007, live con orchestra.

Certamente sin dagli anni '90, sulla scia di Satriani, Malmsteen e Vai, sono apparsi sulla scena degli ottimi chitarristi, i più notevoli sono stati Greg Howe e Richie Kotzen, pure con musiche illuminate qua e là da sfolgorii Jazz-Rock.

Oggi la nettissima maggioranza di chitarristi (rock ma non solo) è sulle scie delle scie, schiume e bollicine gasate tutte uguali che rivaleggiano per ottenere la palma del funambolo del momento, però Tritone, ancora vigile e in ottima forma, rimane lui: Steve Vai.

I MIGLIORI ASSOLI

1984 – da Flex-Able: *Viv Woman*
1984 – da Flex-Able: *The Attitude Song*
1984 – da Flex-Able: *Call It Sleep*
1984 – da Flex-Able: *Junkie*
1984 – da Flex-Able: *Next Stop Earth*
1984 – da Flex-Able: *There's Something Dead In Here*
1990 – da Passion and Warfare: *Erotic Nightmares*
1990 – da Passion and Warfare: *For the Love of God*
1990 – da Passion and Warfare: *Blue Powder*
1995 – da Alien Love Secrets: *Die to Live*
1995 – da Alien Love Secrets: *Tender Surrender*

Scott Henderson

Fece la sua comparsa come un fulmine a ciel sereno nel mezzo degli anni Ottanta. Nel senso che poco o nulla si conosceva di lui: in pratica salì alla ribalta debuttando nel 1986 insieme con quello stupendo gruppo chiamato Elektric Band (di Chick Corea) sia nel suo disco omonimo sia in una serie di acclamati concerti. Si mise subito in luce con interventi e assoli e suoni moderni, aggressivi, rapidi, anzi, vorticosi (poco melodici), ma estremamente "pensati".

Appena dopo circolò il primo disco del suo gruppo Tribal Tech: magnifica musica a metà tra il Jazz-Rock e la Fusion. Il disco, *Spears*, di fatto fu pubblicato l'anno prima di quello dell'Elektric Band, e denota una capacità notevole compositiva: complesso e raffinato. Seguirà nel 1987 un altro splendido disco (*Dr Hee*) ove Henderson è ancor più brillante e la musica pure. *Nomad* (1990) è il terzo e qui si può considerare chiusa la sua primissima fase: a livello compositivo e chitarristico da una vena meravigliosamente amalgamata di globuli Rock e Jazz. Con i quattro album successivi (dal '91 al '95) passò progressivamente a un impatto maggiore, più

rock, per biforcarsi a metà dei Novanta con gli ottimi suoi primi dischi solisti di natura blues qua e là anche cantati (d'altronde anche nei Tribal Tech era cominciata a esplicitarsi questa venatura), *Dog Party* ('94) e *Tore Down House* ('97) e conseguenti tournee; e con i Tribal Tech alla fine dei Novanta, dopo una pausa di quattro anni, in una nettissima semplificazione (se raffrontati coi primi dischi) di musica modale quasi da jam band (*Thick* e *Rocket Science*), un po' in nuce nei dischi immediatamente precedenti.

In seguito ha ulteriormente rinnovato il suo stile chitarristico mediante un particolare uso della leva vibrato e meno affabulatore di note.
All'inizio si è distinto per una sapientissima abilità nel suonare in modo fluidissimo e con sorprendente senso ritmico su intricate sequenze armoniche senza perdere il focus di un impatto e liricità degni dei migliori rocker, anzi, talvolta stimolato da ciò, trovava anche particolari sequenze ritmiche delle sue frasi che permutava nello scorrere ottenendo così ulteriori effetti inusitati (come d'altronde era anche la sua musica).

I MIGLIORI ASSOLI

1984 – da Scott Henderson and Tribal Tech: *Spears*
1987 – da Dr. Hee: *Dr Hee*
1990 – da Nomad: *Self Defense*
1995 – da Reality Check: *Stella By Infra-Red High Particle Neutron Beam*
1997 – da Tore Down House: *Dolemite*
1999 – da Thick: *Thick*
2002 – da Well to the Bone: *Ashes*

Con The Chick Corea Elektric Band
1986 – da The Chick Corea Elektric Band: *Silver Temple*
Con i Players
1987 – da Players: *The Creeping Terror*

Un decalogo "improvvisato"

I dieci chitarristi raccontati nelle pagine seguenti non sono quelli prossimi ai ventotto fondamentali in quanto a qualità, a bravura, ovvero, gli esclusi, i "classificati" immediatamente dopo.
Anche perché l'intento principale di questo libro non è quello di rappresentare una graduatoria in senso individuale, uno più abile di un altro, ma fornire un'indicazione di principio massimale: ci sono stati ventotto chitarristi che hanno altre dimensioni da tutti gli altri, sono una categoria a parte; sono quelli cardinali per il solismo elettrico, che costituiscono il collettivo essenziale.
Nessuno mi vietava di inserirne trenta, trentotto o cento, semplicemente non ne ho individuati altri di capitali. Ed è stata una scelta difficile, con esclusioni sofferte; allora? - penserete giustamente - qual è stato il principio di scelta di questi "altri"?
Non ce n'è stato uno soltanto: un paio di questi chitarristi, in effetti, era stato in primissima istanza incluso, qualcun altro perché non ne avevo mai scritto e mi intrigava farlo, e altri ancora per mia personale affinità, essendo anch'io un chitarrista elettrico.
Questi dieci mi piacciono assai e li stimo profondamente, ciò non significa che siano gli unici, ce ne sono tanti altri... ne voglio ricordare uno per tutti: **Ollie Halsall**.
Però è andata così.

Jim Hall

Jim Hall è stato un chitarrista jazz apparso sulle scene alla metà degli anni Cinquanta, che gode di grande fama; tuttavia la sua figura nel firmamento dei grandi è stata un po' intermittente, ma progressivamente si è elevata senza indugi: ormai è quasi un monumento.

Nel primo periodo fu tenuto in ottima considerazione, in seguito (alba dei Sessanta), forse a fronte dell'avvento di Wes Montgomery (di tutt'altro stile), un po' meno sugli scudi.

D'altra parte poi ci furono grandi novità musicali, anche dall'area jazz: fiorirono chitarristi innovativi di estrema fusione col Rock e dintorni, come Gabor Szabó e Larry Coryell (curiosamente furono i chitarristi successori a lui nel gruppo del grande batterista-compositore Chico Hamilton: all'epoca ebbero un grande successo anche come leader), per non parlare di John McLaughlin...

Jim Hall fu "riscoperto" e assai incensato negli anni Ottanta-Novanta, soprattutto dopo che chitarristi del calibro di John Scofield, Pat Metheny (col quale nel '99 firmò un album) e Bill Frisell, dichiararono la loro grande stima verso di lui.

Egli sin dall'inizio si distinse per un approccio diverso rispetto ai coevi maestri bianchi della chitarra come per esempio Tal Farlow e Barney Kessel: tutte e due alquanto spettacolari, Farlow più funambolico Kessel più grintoso.

Hall, quasi un'antitesi di questi, più intimo e cameristico, fu un raffinato cesellatore di linee melodiche e armonizzazioni accordali tanto agili e concise quanto ideali complementi a musiche intellettuali come quelle del fiatista e compositore Jimmy Giuffre (in trio) e del pianista Bill Evans (in duo). Questi, tra i tanti altri già nella prima fase della sua attività, furono i grandi artisti cui Hall prestò la sua maestria anche nel trattare il silenzio musicale.

Anche il suo suono, piuttosto puro con scarse armoniche superiori, rotondo e vellutato quasi da chitarra classica, era congruo al suo stile, rafforzandolo.

Dunque fu un'importante alternativa al diffuso stile jazz chiamato *bebop*, pertanto non roventi espressioni con accenti *bluesy* e rapidissime affabulazioni, bensì misuratissime e flemmatiche parti, che contribuivano a erigere strutture musicali più vicine alla forma polifonica (varie melodie che si sovrappongono) che a quella ben più largamente impiegata cosiddetta omofonica (melodia con accompagnamento accordale): più da quartetto d'archi che da *lieder* romantico.

Questa è di fatto una caratteristica che ritroviamo soprattutto nelle opere di jazzisti bianchi rispetto a quelli di colore (va da sé che ci sono importantissime eccezioni, basti pensare al Modern Jazz Quartet): coniugazioni e declinazioni differenti di un lessico comune ha prodotto due differenti traiettorie sintattiche del Jazz, che peraltro a volte si sono naturalmente incrociate.

Va rammentato che Jim Hall ebbe un importante predecessore stilistico-concettuale: Billy Bauer, chitarrista del gruppo di quel titano che risponde al nome di Lennie Tristano. Altresì lo stile di Hall nel corso della sua carriera lunghissima e, negli ultimi decenni, luminosissima, non ha avuto significative evoluzioni: ha eccellentemente approfondito il solco che Billy Bauer (e in parte Jimmy Rainey) aveva cominciato a tracciare, statuendo quell'elegante e raro fare musica senza clamori, un suonare gentilizio, quasi sottovoce, sempre in bilico tra prosa e poesia.

George Benson

Lo statunitense George Benson (Pittsburgh, 22 marzo 1943) è un magnifico chitarrista jazz apparso sulle scene nei '60. Il grande successo lo ottenne nei due decenni successivi spostandosi progressivamente verso una musica più facile, cantata (benissimo), finanche danzereccia.
In particolare dal disco *Breezin'* del 1976 e con l'apice di *Give Me The Night* del 1980, ma ha continuato fino a oggi a esser ben presente sia discograficamente sia in concerto. Ottimo esempio della sua fase più luminosa è il live del '78 *Weekend in L.A.*.
Egli è prevalentemente uno strumentista, ha composto poco e cose non molto importanti, tuttavia contribuì alla diffusione del genere Fusion, quello degli albori, più "easy", riprendendo i semi che altri avevano cominciato a spargere, a cominciare dal suo ascendente maggiore in fatto puramente chitarristico ovvero Wes Montgomery, che circa a metà degli anni '60 passò a una musica più pop. Chitarristicamente Benson è nel solco della tradizione inaugurata alla fine degli anni '30 da Charlie Christian e rinforzata sul finire dei '50 da Montgomery, quindi di brillantissimo stile improvvisativo swing-bluesy con abbondante ricorso a motivi-riff; nondimeno si distingue per una notevole rapidità esecutiva che peraltro non sacrifica l'espressiva forza di pronuncia delle note, che si affastellano in arcate fluidissime ma non molto regolari in termini

di direzione ascendente-discendente, pertanto più imprevedibili e d'impatto, alternando un'articolazione in netto staccato con un legato non così comune nei chitarristi Jazz.

Dunque tutta la sua architettura solistica predilige un'immediata espressività, scevra da sofisticate scelte armonico-melodiche, terreno di altri chitarristi jazz, capace di dare "significato" anche alle frasi più semplici in pregio a un approccio tutto in "attacco" e condensato in poche e incisive misure, qualità rara nei musicisti jazz, anche in quelli grandi: avvicenda pochissime note sovente ribattute con sbalorditi accelerazioni.

Le sue linee melodiche, anche quando vorticose e saettanti tra i vari settori dei registri frequenziali e con irrequieti assetti (ma non troppo), tramite dissonanze di passaggio di scuola be-bop, tendono sempre a risoluzioni di somma cantabilità. Tanto che talvolta vocalizza (scat) i suoi interventi, e li intensifica anche armonizzandoli con due o più note.

In virtù della sua potenza, cantabilità e facilità di ascolto, avendo permeato fortemente il Pop e sfiorando la Dance, George Benson è stato (ed è) il chitarrista di matrice Jazz ampiamente più influente.

David Gilmour

Per vari motivi e circostanze la stima chitarristica di David Gilmour è un po' sbilanciata: per circa trent'anni parecchio sottovalutato, da una ventina a questa parte un po' sovrastimato.
Un bravissimo chitarrista rock, tra i più completi perché in grado di destreggiarsi con perfetta efficacia nei tanti ruoli che di solito richiede un gruppo rock che non sia meramente immerso nella solidificazione hard, irrigidito nel Metal o conformato nel Pop.
Che sia quello di attaccante-goleador con incisivi assoli, o di difensore con scrupolosi accompagnamenti, passando da regista e raffinato rifinitore con mille tessiture soniche, Gilmour si è guadagnato un ragguardevole posto nella storia dei chitarristi rock.
La sua abilità e fantasia, però, crebbero molto rispetto agli esordi soprattutto come solista. Come tramatore raffinato e accompagnatore si era già espresso alla grande intorno al '71, all'epoca di *Meddle*: dette prova di molta inventiva e capacità esecutiva insieme con un'efficace ricerca timbrica; a volte il suo ordito chitarristico è così originale che si mimetizza con le tastiere.
Da Dark Side in poi Gilmour è cresciuto come solista, in particolare in *Wish You Were Here* (*Shine On...* e *Have a Cigar*) molto maturato sia tecnicamente sia stilisticamente; in *Animals* ha confermato l'avvenuto progresso (*Dogs* e *Pigs*) e mantenuto in *The Wall* (*Another Brick in the Wall part II* e *Confortably Numb*) e

The Final Cut (*Your Possible Pasts*, *The Fletcher Memorial Home*, *Not Now John*).
Questi assoli sono splendide gemme di chitarrismo rock, da antologia.
Successivamente non ha fatto di meglio: sempre suonando con gran gusto ed efficacia, ha ulteriormente stabilizzato il suo stile, ribadendo i suoi cliché con maggiore consapevolezza tecnica ma con meno inventiva del passato floydiano.
D'altronde nel 1978 Gilmour aveva pubblicato il suo primo disco solista omonimo, di robusto rock dalle tinte crepuscolari, nel quale, pur suonando benissimo (e ormai meno incline a fantastiche trame e più concretamente rockeggiante), con i suoi soli non realizza pietre preziose da incastonare nei brani (a eccezione dell'importante *Raise My Rent*). Come nei successivi album solisti: *About Face*, *On A Island* e *Rattle That Lock*.
I Pink Floyd ispirano e dirigono molto i solismi, i loro favolosi scenari e brani suggestionano, abbellendo non poco ciò che ci si sovrappone. Ma è un rapporto biunivoco: Gilmour, con la sua arte chitarristica e musicale a tutto tondo, ha reso ancor più incantevoli i brani dei Pink Floyd, in una complessa e trascendente combinazione; capita così quando il tutto è così ben amalgamato.

Robben Ford

Robben Ford è uno dei massimi chitarristi fusion di sempre.
E quando si tratta di Fusion non ci si deve riferire semplicemente a un raffinato stile *strumental-borghese* di colto Pop-Funk venato di Rock, ma a un sofisticato genere che ha come matrice il Jazz, e quindi una importantissima e adulta radice musicale: se non si padroneggia la grammatica e la sintassi jazz non si può tessere un serio discorso di musica Fusion. Questa è la ragione per cui anche grandi chitarristi rock non hanno accesso a questo genere.
Coevo e affine come stile a Larry Carlton, Ford iniziò la sua carriera nei primi '70 (mettendosi in luce con i L.A. Express di Tom Scott), poi fondò i grandi Yellowjackets, al tempo stesso continuando a collaborare con molti altri artisti (dopo la metà degli '80 finanche ingaggiato da Miles Davis). Conseguì ancor più successo negli ultimi anni del decennio a cavallo dei '90 quando, dopo qualche esitazione, proseguì la sua carriera solistica tingendo il suo stile ancor più di blues.
Tutto il decennio dei '90 e parte del successivo lo vide tra i massimi protagonisti, continuando sin ad oggi a essere un rispettatissimo musicista.
Le sue coordinate stilistiche sono all'impronta di una eccezionale fluidità esecutiva che non significa necessariamente velocità ed estrema affabulazione, ma un'articolazione da cui scaturisce un

peculiare modello di legatura nel portamento delle frasi melodiche, insieme con un equilibratissimo senso tra dissonanza/consonanza-tensione/risoluzione armonica nei sinuosi archi melodici o, in contrapposizione, negli incisivi interpolamenti a mo' di chiose.
Infatti, Ford è magistrale nell'alternare nell'improvvisazione l'approccio *orizzontale* e quello *verticale*, ossia tra quello comunemente usato dai bluesman e rocker e quello dai jazzisti: tra una scala per l'intera sequenza accordale (la classica maggiore e/o pentatonica) e l'uso specifico di diverse scale e/o arpeggi in precisi cambi di accordi.
Tra i migliori esempi del suo chitarrismo, il brano Revelation contenuto nell'ottimo disco solista *Talk to Your Daughter* del 1988 che ne accelerò l'ascesa; magistrale anche l'esposizione del tema.

Gary Moore

Gary Moore il chitarrista rock camaleonte per eccellenza; nel corso della sua lunga carriera, iniziata nei '70 e continuata fino alla sua prematura morte avvenuta nel 2011, in tutti i generi e gli stili che ha affrontato, è sempre riuscito a ritagliarsi vaste porzioni di successo sia tra gli specialisti (i chitarristi) che di pubblico.

Seppur impegnato a confrontarsi con bravissimi chitarristi, Moore è riuscito a emergere perché lui era una sorta di prototipo del potente chitarrista rock.

Oltre a esprimere abbondantissima grinta e rapidità, sapeva maneggiare benissimo lo strumento, possedendo e usando ben oltre la norma due tecniche fondamentali: il bending (con la sinistra si tendono le corde innalzando l'intonazione) e il "tocco" (con la mano destra plettrare le note in modo tale da cavarne timbri e dinamiche peculiari nell'articolazione).

Questo gli permise negli anni '70 di essere apprezzatissimo componente in gruppi hard rock (Thin Lizzy e Skid Row) e Jazz-Rock (Colosseum II di Jon Hiseman).

Dopo l'episodico *Grinding Stone* del '73, cominciò un po' più convintamente la propria carriera solista, pubblicando nell'autunno del '78 un rispettabilissimo disco: *Back on the Streets*. Moore in quel tempo si dibatteva bene tra episodi strumentali più impegnativi e pezzi hard-rock, tuttavia dopo il ciclone Van Halen, giunse

ad abbracciare risolutivamente l'hard rock, e pubblicò una serie di buoni dischi per tutto il decennio degli Ottanta.

In seguito alla morte di Stevie Ray Vaughan, nei '90, ci fu una specie di corsa verso il rock-blues e anche lui si cimentò: il disco *Still Got the Blues* fu un successo. Ne seguirono altri con coordinate simili...

Dunque Moore è stato un campione di ecletticità, e seppur non di originalità (e quindi di creatività), sicuramente di espressività, dimostrando in ogni occasione di essere efficientissimo, credibile, che si trattasse di una parte musicale più articolata o sequenza di rudi accordi, accelerazione neo classiccheggiante o contorcimento bluesy.

Inoltre si distinse in una delle cose apparentemente più semplici, però meno frequentate dai chitarristi rock poiché molto insidiosa: la ballata melodica. Pochi sono i chitarristi rock a proprio agio quando c'è tanto tempo e spazio da governare; quando c'è il potere di assaporare una nota dopo l'altra. Pochi quelli melodici e inventivi, che riescono a dosare l'afflusso di adrenalina giovanile, quella sportiva e ormonale che fa solo correre, saltare e strillare, ma che non permette di inventare estemporaneamente una bella e lunga storia e raccontarla. Lui sapeva fare anche questo.

Steve Lukather

La maggior parte degli appassionati conoscono Steve Lukather (chitarrista, cantante e autore) come un importante membro dei Toto, ma pochi sanno che *è stato tra i chitarristi più studiati dai professionisti...*
Ciò perché Lukather, sin dalla sua comparsa al proscenio col primo disco dei Toto nel 1978, si fece notare per il suo lavoro discreto (se confrontato con il *guitar hero* emergente dell'epoca Van Halen) ma efficacissimo nell'economia di un gruppo giacché strumentista che svolgeva una funzione pressoché completa di molte parti chitarristiche elettriche; anche quelle di accompagnamento "pulito" (senza distorsione timbrica), con suoni e soluzioni ammalianti l'attento ascoltatore.
A mano a mano ha incrementato questa sua abilità di essere un *chitarrista rock totale*, anzi, di più, quasi fusion, infatti tra i suoi "eroi" e principale mentore di inizio carriera c'era Larry Carlton, all'epoca il re degli studi registrazione (col quale ha pure collaborato in seguito.
Di sincera anima rock (Carlton era più jazzy), Lukather è riuscito a infondere quarti di nobiltà al potente *vibe* e all'aggressivo lirismo che contraddistinguono il buon chitarrista di questo sanguigno genere, ampliando il linguaggio soprattutto mediante misura-

tissime aggiunte di note di passaggio nelle frasi solistiche (cromatismi), tanto calibrate quanto preziose nell'infondere agli assoli sapori nuovi. Basterebbe fare attenzione a due tra i suoi assoli più famosi nelle due hit *Hold The Line* e *Rosanna* per apprezzare queste originalità, ha mescolato bending intonatissimi con fluidissime frasi, non mancando di essere un buon melodista. Lunghissima la lista di altri brani in cui Luke emerge, però non possiamo tacere l'eccezionale *Don't Stop Me Now* con ospite Miles Davis, lasciando a lui il proscenio e suonando benissimo il tema melodico. (Comunque, visto che ci siamo, nello stesso disco, *Fahrenheit*, gli eccellenti interventi solistici in *Without Your Love*.)

Il Nostro ha poi esplorato e dominato le tecniche (e le possibilità timbro-effettistiche) più in voga, come l'uso della leva vibrato e il tapping *vanhaleniano*, oltre a possedere una dirompente quanto simpatica baldanza; vitalità che è sempre riuscito a trasferire nella sua musica.

Dunque Lukather è stato un *session man* richiestissimo anche perché oltre essere in grado di leggere la musica e buon conoscitore dell'armonia applicata alla chitarra (specifiche soluzioni di disposizioni accordali), ha mostrato un'altra particolare capacità, tanto poco evidente ai più quanto pregiata per essere un professionista, quella di avere un ottimo senso del tempo metronomico e del *groove* (abilità non così diffusa come si potrebbe credere); altresì un controllo tecnico-articolativo della micro dinamica fuori dal comune.

Questo gli ha permesso di svolgere le parti chitarristiche con esemplare rapidità e precisione[11], oltre che con quella sana dose di

---

[11] All'epoca per essere degli efficienti professionisti erano necessarie competenze e capacità operative notevoli, mentre da almeno

creatività che gli veniva lasciata decantare quando si metteva a disposizione per conto terzi.
Un grande chitarrista elettrico.

---

vent'anni, a fronte della potentissima tecnologia digitale diffusissima, il lavoro di registrazione dei dischi è divenuto un gioco da ragazzi: si può manipolare di tutto e di più.

Adrian Belew

Di chitarristi elettrici, davvero elettrici, che sfruttino in modo particolare e a fondo le potenzialità timbriche/articolative dello strumento, non ce ne sono molti. Ancora meno quelli che abbiano anche conseguito risultati artistici notevoli.

Sono pochi quelli che hanno estratto dalla chitarra elettrica suoni e timbri inusitati, fuori norma, e che li hanno immessi in modo creativo nella musica che hanno composto o semplicemente suonato come esecutori; in ogni caso quei pochi, guarda caso, non sono soltanto grandi chitarristi, ma grandi musicisti tout court, ovvero compositori e leader di band assai importanti (con un'eccezione).

Peraltro Belew ha collaborato con due tra i più importanti chitarristi elettrici: con Zappa per pochi mesi tra il '77 e il '78 e con Fripp per quasi 30 anni.

Semplificando: Adrian Belew, chitarristicamente, è una sorta di moderno fratello minore di Hendrix, Beck e Zappa; mettendoci importanti quote del proprio, s'intende.

Belew ha sempre avuto quel suo modo da artista intellettual-pop, senza essere snob, radical-chic. Questo perché ha quell'attitudine, viene da dire molto americana, di spontaneità nell'esprimersi dopo aver evidentemente lavorato duro sul materiale da proporre per intrattenere e fare spettacolo, coniugando in modo egregio le

idee e le strategie musicali con la tattica esecutiva.

Ha lasciato numerose perle, sia come chitarrista (e non solo negli assoli, bravissimo anche come accompagnatore e nelle parti di tessitura) sia come autore di brani, la maggior parte dei quali tendenti a un originale modo compositivo ed espressivo, con forti radici nella canzone rock ma che si spinge verso lo sperimentalismo anche in modo esplicito: in particolare nel suo terzo disco solista dell'86 *Desire Caught by the Tail*; proseguendo dopo circa dieci anni, ma su un'altra linea, con *The Experimental Guitar Series Volume 1: The Guitar as Orchestra*.

Il suo chitarrismo, molto differente come stile da quello di Robert Fripp, è rappresentato benissimo da tutte le parti di chitarra nel famoso brano *Elephant Talk* (King Crimson - *Discipline*, 1981). Qui si possono apprezzare molte delle sue qualità come solista, in questo caso alquanto zappiano, ma abilissimo anche come "ritmico". Segnalo inoltre, anche la sua versione di *Heartbeat* presente nel disco *Young Lions* del 1990. Breve assolo, pregno di melodia e colori timbrici, grande tecnica, tutto condensato benissimo.

Mike Stern

Nell'era d'oro della Fusion (dai primi '80 e per circa dieci anni) il chitarrista-compositore Mike Stern fu tra i musicisti più influenti e inneggiati.

Stern è una specie di Charlie Parker che incrocia Jimi Hendrix e James Brown; il perfetto contraltare stilistico del sofisticato e pacato Pat Metheny: loro due furono i più importanti riferimenti tra i chitarristi e tra i più rilevanti in assoluto della musica strumentale dell'epoca, furoreggiarono.

Stern si mise in luce alla corte di Miles Davis partecipando al disco della ricomparsa del "divino" (*The Man With The Horn*, 1981).

Rispetto ai due titani del Jazz-Rock McLaughlin e Di Meola, Stern, seppur con fraseggio serrato anche lui, offriva un discorrere più rotondo e fluido, più swing-funk, shuffle: assai accattivante.

La peculiarità di Stern fu quella di riuscire, in modo alquanto spettacolare, ad unire il linguaggio jazz bebop con quello rock di piglio funk, compreso il suono saturo: alquanto "sporco". Non era una novità assoluta, prima di lui, già dalla metà dei '70, ci furono chitarristi che avevano compiuto tale connubio (tra i meno conosciuti Ray Gomez, Joaquin Lievano, Peter Maunu e Daryl Stuermer), però nessuno con la sua potenza e spettacolarità, data anche dal fatto che talvolta non mescolava i due mondi ma li accostava, cambiando repentinamente registro espressivo, creando un contrasto

stupefacente: questo fu il suo pregio; e il suo difetto.

In ogni caso lui fu il migliore di tutti i bop'n'roll funker anche per una rilevante vena compositiva, tuttavia non riuscì né a rinnovarsi, ripetendo troppo la bellissima formula inventata, né a fondere e sviluppare in modo più profondo i mondi Jazz e Rock (anche soltanto chitarristicamente), come fecero invece John Scofield, Larry Carlton, Allan Holdsworth, Robben Ford, Bill Frisell e Scott Henderson.

L'entusiasmante brano di apertura omonimo del suo debutto discografico del 1986 (*Upside Downside*: suo capolavoro, peraltro prodotto da un famoso chitarrista fusion, Hiram Bullock) fu una dirompente novità, con intricati e nervosi unisoni ultra sincopati per poi urlare rock quasi ballando; simile l'apertura della seconda parte del disco, *Mood Swings*, con il suo amico Jaco Pastorius al basso. A compensazione le dolci, cantabili e liriche "canzoni" *Goodbye Again* e *After You*.

Stern è stato un grande chitarrista e un ottimo compositore, un grande musicista che andrebbe riscoperto (e studiato) da chi è interessato ad andare oltre il Rock in quanto a fraseggio e armonie, mantenendo il tiro e il lirismo di questo genere con innestato pure del sano Funk. In ciò Mike Stern rimane un campione.

David Torn

Erede del chitarrismo pioneristico di Robert Fripp, espresso esplicitamente nei dischi con Brian Eno *(No Pussyfooting)* ('73) ed *Evening Star* ('75), l'americano David Torn ha iniziato nei primi anni Ottanta la sua sperimentale ricerca fondata su una sintesi musicale soprattutto mediante generazione di loop e droni, saldando il Rock, l'India, il Jazz e la musica elettronica. Modalesimo cibernetico.

Registrazioni estemporanee di strati sonori di chitarra elettrica (tramite complicate catene di sofisticati processori elettronici) che, non del tutto in modo prevedibile nella forma e nel contenuto, vanno a plasmare cornice e tela musicale negli istanti che si susseguono dell'atto stesso della loro realizzazione.

Torn è creatore di stupendi paesaggi sonori che ha cominciato a esporre con il suo primo disco del 1984 *Best Laid Plans*, seguito nel 1987 dal migliore *Cloud About Mercury* con Mark Isham alla tromba e la ritmica dei King Crimson: Levin e Bruford (che ritroveremo nel 1998 nel buon *Upper Extremities*).

Proprio per l'estrema capacità di rappresentare scenari sonici molto suggestivi per mezzo di dense tessiture di loop e soluzioni musicali molto fantasiose, sarà protagonista di moltissimi commenti musicali a film, documentari ecc.

L'apogeo della via artistica intrapresa da Torn è intorno alla metà

degli anni Novanta con *Polytown* ('94), *Tripping Over God* ('95) e *What Means Solid, Traveller?* ('96).

Tra le varie collaborazioni (Mark Isham, Michael Shrieve e altri) spiccano quelle con due grandi artisti ex Japan: David Sylvian e Mick Karn; in particolare e rispettivamente nei bellissimi dischi *Secrets Of The Beehive* ('87) e *Bestial Clusters* ('93). Nel primo come session man in tre brani e nel secondo come coprotagonista. Due capiscuola della chitarra elettrica "estrema" sono Robert Fripp e Bill Frisell, il primo più nel versante Rock e il secondo più in quello Jazz, e David Torn, pur essendo solisticamente meno abile di loro ma ancor più votato a un percorso musicale alieno e radicale, è il fondamentale anello di congiunzione.

Nguyèn Lè

Nguyèn Lè è un eccellente artista, chitarrista-compositore franco-vietnamita; della generazione post fusion degli anni '90 è forse il più noto, sicuramente il migliore.
Sincero e coraggioso, sia nelle composizioni sia nei suoi interventi solistici, sempre di pregio e mai calligrafici, a suo agio tanto come esecutore in big band quanto come leader di progetti in duo o in trio.
La sua musica è ad alto tasso di originalità, Nguyèn Lè applica un moderno profilo di ricerca pure etnico, talvolta facendola confluire in un alveo virato al Jazz, altre volte virato alla Fusion e/o al Rock.
Il suo chitarrismo possiede la forza del Rock e la flessibilità e l'eloquenza del Jazz; talvolta nel suo fraseggio troviamo esotiche escursioni che rimandano alle sue origini; a volte pacato e lirico, altre aggressivo: non scade mai nella banalità e nella volgarità. Ha un'ottima tecnica della leva vibrato che alle volte usa per rendere più peculiari certe frasi; il tutto è amalgamato magnificamente e ben servito, ed espresso da un timbro personale e coerente.
Nguyèn Lè, nel tempo, ha rivisitato brani di mostri sacri del Rock, dedicando loro interi dischi: uno ad Hendrix e nel 2014 ai Pink Floyd, cimentandosi con l'intero *Dark Side*: li ha chiamati *Celebrating...* Ma il migliore è di gran lunga *Songs Of Freedom* (2011):

scelta di brani famosissimi di vari artisti, alquanto differenti tra loro, che ha arrangiato in modo magistrale, intravedendo possibili (ma improbabili) sviluppi, come solo un vero compositore è in grado d'intuire e realizzare. Un capolavoro del genere.

Oltre a questa, le sue opere più significative sono *Miracles* ('90), *Zanzibar* ('92), *Tales from Viet-nam* ('96) e *Bakida* (2000); ma il suo capolavoro è *Maghreb & Friends* del 1998.

Gli italiani

Non solo il Belpaese, siamo anche un grande Paese, e di certo abbiamo altre carte importanti oltre il poker di assi Cerri, Radius, Mussida e Daniele di cui si tratterà nelle pagine successive.
Grandi figure chitarristiche le abbiamo avute già a cavallo tra i Sessanta e i Settanta, ottimi musicisti rock, virati verso quello più duro, a cominciare da Nico Di Palo (New Trolls, che peraltro hanno avuto Ricky Belloni e Vittorio De Scalzi notevoli "contraltari"), Enzo Vita (Rovescio della Medaglia) e Antonio Bartoccetti (Jacula e Antonius Rex); poi quelli più sofisticati, ma comunque con grande tiro, come Tony Sidney (Perigeo) e Paolo Tofani (Area). Tra quelli meno noti ci sono Gigi Venegoni (Arti & Mestieri), Massimo Morante (Goblin) e Carlo Pennisi (Etna, Goblin, New Perigeo). Invece alquanto famosi (e bravi) sono Rodolfo Maltese (Banco), Dodi Battaglia (Pooh); negli anni Ottanta/Novanta Maurizio Solieri e Andrea Braido (Vasco Rossi).
D'altronde negli '80 ci fu una grande fioritura dello strumentista professionista, insomma molti bravissimi session man di Pop-rock e dintorni come Giorgio Cocilovo e Ricky Portera (Stadio e Lucio Dalla), e leader di musica Fusion come Francesco Bruno (Teresa De Sio) e Umberto Fiorentino (Lingomania), che hanno condotto anche nei Novanta la loro sapienza chitarristica e compositiva innalzando il tasso del nostro orgoglio nazionale.

Menzione particolare per Corrado Rustici (Fusion tendente al Rock) che, dopo esser stato nei Settanta componente del gruppo dei Cervello, è emigrato in Inghilterra (lì col gruppo Nova); successivamente si è trasferito negli USA, conseguendo come session man una clamorosa affermazione. In seguito in Italia ha contribuito al grandissimo successo di Zucchero.

Grazie a tutti voi.

Franco Cerri

"Sono stato un campione di normalità, anche se alla fine il jazz è un demone che non porti al guinzaglio. Lui ti precede e ti sollecita. Puoi fare centinaia di cose nella vita, ma solo una, al massimo due o tre, sono quelle autentiche che hai dentro."[12]

E Franco Cerri ha rappresentato per moltissimi chitarristi italiani IL chitarrista jazz; vuoi per la sua bravura, vuoi per la sua passata grande esposizione televisiva. È una leggenda vivente.

Infatti, tra i '60 e i '70 era spesso in TV a intrattenere il pubblico con la sua simpatia e perizia come musicista: la sua popolarità fu tale da essere ingaggiato addirittura come testimonial (si direbbe oggi) di un detersivo, prestandosi a scenette divertenti per pubblicizzarlo.

Franco Cerri è "un autodidatta che ha imparato suonando", come lui stesso afferma, schermendosi, e iniziò a registrare dischi a suo nome sin dai primi anni Cinquanta; suonò pure con alcuni giganti internazionali.

Non è stato un innovatore dello strumento, stilisticamente vicino al mainstream alla Barney Kessel, ma un magnifico vettore per il Jazz e la chitarra: in tempi in cui questo strumento furoreggiava come spada mitica dei vari cavalieri, forzatamente impegnati ad

---

[12] Intervista rilasciata al quotidiano *La Repubblica* (1 dicembre 2013)

estrarla dalla roccia, lui accarezzava le corde e ne traeva suoni e armonie straniere per la maggior parte degli appassionati di musica, svelando raffinati scenari e promettendo future avventure alternative a quelle rocciose.

Il suo rilassato swing e sapienza nelle armonizzazioni che mostra con garbo ed eleganza per esempio nel 1964 in *New Nova, Polka Dots and Moonbeams* e *My Foolish Heart* lo indicano come un musicista più a suo agio con intime ballad o melodici brani a tempi moderati che con pezzi più rapidi e aggressivi. Comunque qualche graffio in *Blues for Jo* e soprattutto con *Blues Italiano* ('58), il Nostro ce lo ha lasciato. E Cerri aumenta il tasso di adrenalina nel rapido *Just One of Those Things* ('59) anche con un assolo con *block chords* e *Mary and Steve* ('61).

Negli Ottanta si è cimentato anche in ambienti e sonorità più fusion e moderne nel disco *Today!* ('84), confermando la sua curiosità di esploratore di nuove vie, come d'altronde nel quasi minimale ma sofisticato *Giovia* ('99).

Insomma, Franco Cerri se è vero che è il padre o il nonno di moltissimi chitarristi non è stato un ostinato conservatore, un bacchettone del Jazz degli anni '50/"60. Forte della sua naturale, gentilizia e velata autoironia e modestia è stato capace di proporsi anche in vesti musicali che non erano quelle degli esordi, offrendoci un esempio, oltre che di valentissimo musicista, di grande umanità.

Alberto Radius

Alberto Radius ha avuto una carriera musicale speciale: chitarrista turnista (*session man*) di importantissimi artisti (basti pensare a Lucio Battisti), membro del gruppo Quelli (che diverrà PFM) in sostituzione di Franco Mussida, leader di un gruppo fondamentale come la Formula 3, nel 1972 prima dello scioglimento del gruppo (avvenuto nel 1973) registra come solista il disco *Radius* coadiuvato in jam session da nomi fondamentali della musica italiana. Nel 1974 membro dell'ottimo gruppo Il Volo col quale pubblica due bei dischi; dopo quest'esperienza avvia nel 1976 una carriera solista come sorta di cantautore-strumentista, peraltro coronato da apprezzabile successo (soprattutto coi primi tre dischi).

Lui è il prototipo del chitarrista elettrico di matrice squisitamente rock-blues (è emerso artisticamente nel periodo "cremoso" di Clapton e soci, pertanto nella seconda metà dei Sessanta) che però appena dopo fu capace di superare quel linguaggio basilare del chitarrista rock, sviluppando, mediante un lessico aumentato, fraseggi e piani narrativi ben più articolati. Basti ascoltare, oltre ai suoi diffusi interventi in Radius, le torsioni modali in *Sonno* (*Il Volo* del '74) e nel *bensoniano* finale di *Quando il tempo sarà un prato* (in *Carta Straccia* del '77).

Tuttavia la cosa singolare è che la sua massima espressione come chitarrista non l'ha avuta con la Formula 3 o nei suoi dischi solisti

ma come anonimo session man nel 1978 nel disco *Solange* di Leroy Vohn And Money.

I Am A Tramp e *Solange* sono i due pezzi nei quali Radius suona degli splendidi assoli: nel primo brano, una canzone convenzionale, alcuni interventi tanto incisivi e discorsivi quanto espressivi; nel secondo, oltre sette minuti di morbida canzone interamente condotta dalla sua chitarra elettrica, ai massimi livelli.

Dall'esposizione tematica alle improvvisazioni, tutto concorre a costituire quasi un unicum: per trovare simili profili e sostanze è necessario scomodare fuoriclasse della chitarra elettrica come Santana e Beck (con qualche pennellata *gilmouriana*).

Radius è un chitarrista altamente espressivo, e lo è in modo assai completo, nel senso che non è solo il come suoni ma anche cosa. Tuttavia, siccome la musica è una disciplina asemantica e con caratteristiche uniche, per quanto concerne ciò la vulgata ritiene origine di espressività pressoché solo il come sia suonata una tale parte, e sovente è molto sensibile all'aggressivo strillare acutamente, associandolo alla forma musicale più lirica e quindi espressiva.

In realtà le cose stanno solo in piccola parte così giacché per l'intera declinazione espressiva è importante anche cosa (quali note) e quanto (il loro numero) si suoni. La pronuncia ossia il come è l'articolazione tecnica, il modo di toccare lo strumento e condurre le note, pertanto conseguire timbri peculiari, e in questo Radius è un maestro. Pur non usando né affabulazioni particolarmente rapide né scale peculiari, né leva vibrato, slide ecc. né particolari tecniche (tapping ecc.), quindi adottando strumenti e approcci più che tradizionali, quasi minimi (a volte filtra leggermente con l'Univibe tanto caro a Gilmour), egli riesce a porre un inconfondibile stigma a tutto ciò che suona, anche in fugaci parti (che stranamente suona nei suoi dischi solisti).

Alberto Radius chitarrista elettrico-solista molto più di quanto sia comunemente "passato in giudicato".

Franco Mussida

Franco Mussida è stato un protagonista della musica italiana, in particolare del Progressive dei primi anni Settanta: tanta musica importante è sgorgata dalle sue sapienti dita, anzi, spesso l'ha creata direttamente lui stesso, come principale autore del nostro gruppo Rock più significativo, la Premiata Forneria Marconi.
Chitarrista apprezzabile anche come collaboratore in progetti altrui (ad esempio Lucio Battisti), Mussida si espresse però compiutamente soprattutto con la PFM, riuscendo a coagulare subito le grandi lezioni dei due chitarristi principali del Rock più avanzato, ossia Robert Fripp (King Crimson) e Steve Howe (Yes); altresì almeno nei primi anni, pure Ritchie Blackmore (Deep Purple) pertanto il lato più duro del Rock, fu un suo riferimento. Insomma, sin dall'inizio, ben oltre il tipico chitarrista rock di matrice blues.
Mussida ha interpretato perciò la chitarra nel modo più esteso possibile e mettendosi quindi al servizio del brano e del gruppo: chitarre acustiche, elettriche, arpeggi, accordi, tessiture soniche con timbri sofisticati, linee in contrappunto e, naturalmente, assoli.
Il suo manifesto solistico è *Alta Loma*, contenuto nel disco *Live In USA* del 1974: uno stupendo viaggio di chitarra elettrica, particolare stato di grazia personale ma anche stato dell'arte del chitarri-

smo solista rock più creativo e versatile, condizione che condivideva con i colossi internazionali dell'epoca, cui aveva poco da invidiare.

Qui si produce in un'improvvisazione nella quale polarizza molte delle soluzioni che fino allora erano state adottate dai chitarristi rock più avanzati come linguaggio (pure con scale e arpeggi melodici non usuali nel Rock) e tecnica: note lunghissime in feedback, larghi arpeggi, rapide frasi scalari, bending, glissati e legati a profusione; il tutto con una ritmica sempre varia e impeccabile sotto il profilo della coerenza e dello scorrimento musicale (anche col gruppo), insomma una sofisticata architettura di un lunghissimo quanto avvincente ed espressivo narrare in musica mediante un assolo di chitarra elettrica.

Naturalmente non mancano altri suoi pregevoli assoli, da ricordare anche la bellissima collaborazione dal vivo con Fabrizio De André sul finire dei Settanta, in particolare i suoi notevoli interventi solistici nel brano *Amico Fragile* (qui con un efficace uso dello wha-wha), oppure in pezzi più impegnativi sotto il profilo armonico come in *Jet-Lag*, di matrice fusion ove si districa melodicamente con sapienza e gusto, affermando un'ulteriore volta il suo essere molto più del tipico chitarrista rock anche negli assolo. Franco Mussida è un maestro della chitarra e performer impeccabile perché coniuga precisione con energia, espressività con sapienza.

Pino Daniele

Pino Daniele è uno dei chitarristi italiani più bravi in assoluto, i suoi interventi solistici sono su un piano diverso e superiore. Pochi se ne sono accorti anche per l'enorme successo conseguito come raffinatissimo cantautore: messo in ombra come strumentista da tutto il suo meraviglioso "resto". Pertanto vale la pena approfondire le sue specificità come chitarrista solista (senza analizzare il suo pur ottimo lavoro di accompagnamento).
Daniele è sempre stato a suo agio nel tracciare improvvisazioni o comunque archi melodici solistici nell'uso delle varie declinazioni dello strumento chitarra: classica, elettrica (sia "pulita" sia "sporca") e sinth. Mai pretestuoso e sempre opportuno, il flusso delle sue idee è stato spesso originale senza essere bizzarro, anzi… Innanzitutto l'originalità del flusso è data dalla non adozione di quelle efficaci formulette idiomatiche e locuzioni fraseologiche melodiche consumatissime dall'uso e dall'abuso storico (lick e pattern): così almeno Daniele si è allontanato dalla banalità e si è sforzato, riuscendoci, di manifestare idee musicali più fantasiose, accumulate e ordinate con più emancipazione.
Non ci sono nemmeno gli andirivieni per le scale musicali come si eseguono appunto quando ci si addestra, e poche reiterazioni di porzioni di scale dislocate ad hoc per modellare sorte di frasi, ma

una libera e creativa associazione di note che attiene anche ad assegnazioni di durate sincopate pertanto poco lineari e simmetriche (ritmica). Infatti la scansione metronomica, perlomeno nei suoi accenti predominanti convenzionali (forte/debole), non è "vissuta" da Daniele come costringente il flusso fraseologico e le note non sono pronunciate a grappoli come multipli pari della scansione principale: se la scansione è quarti a 100 bpm la maggior parte delle note non sono ottavi a 200 bpm, sedicesimi a 400 bpm ecc., pertanto di durata come prestabilita e quindi con uniforme e prevedibile "ritmica".

Anche quando deve iniziare e finire le frasi (oltre che nel fraseggio intermedio), Daniele non si preoccupa di stare necessariamente sui e nei tempi convenzionalmente assegnati, questo gli permette un pensiero musicale che travalica le cesure delle battute; almeno per un po' (Es. *Keep On Movin*, *Annaré*).

Tutto questo insieme con un'articolazione tecnica (il controllo esecutivo delle quattro fasi d'inviluppo sonico: attacco, decadimento, sostegno e rilascio) di livello superiore, poiché le scelte predominanti di controllo di emissione sonica sullo strumento (pronuncia) sono anch'esse prive di schematicità limitanti: sia quello dato dalla mano destra dinamico e timbrico (curve d'intensità di volume sonoro, accenti, staccati e gli armonici) sia quello dato dalla mano sinistra che è determinato sulla chitarra con bending, legati, hammer on - pull off, glissati, vibrati, ecc. (Es. *Ue Man, Puozze Passà Nu Guaio, Io Vivo Fra Le Nuvole*).

Nella musica del chitarrista napoletano gli episodi non prevalgono sulla trama: le canzoni non sono pretesti per assoli, anzi, spesso l'effetto di un suo ottimo assolo è per causa di un'ottima canzone che è, di fatto, pure interpretata e sviluppata proprio mediante

quell'assolo. Daniele si pone, infatti, su quel piano d'intervento musicale che va al di là della semplice addizione della parte melodica solistica-improvvisativa come fosse una specie di adesivo che si applica alla superficie: a un ascolto attento degli assoli si distingue essendo più capace di altri di calibrare un creativo flusso d'idee coerenti con il brano stesso però senza usare quella astuta strategia che prevede di riprendere la melodia principale del pezzo e variarla un po'.

Lui esalta la continuità incoraggiando la progressiva conoscenza della sua espressione musicale, con un moto dinamico e rutilante della trasformazione stessa nella successione temporale degli eventi musicali con mutazioni minime ma incessanti: l'assolo in questo quadro è il massimo grado di mutazione, ma nella cornice della rappresentazione stessa di un intreccio di costanza narrativa, senza forti irruzioni né espressive né di contenuti.

Daniele, facendoci accettare quel continuum narrativo, non permette facilmente l'emersione della sua peculiarità qualitativa nel ruolo di chitarrista solista: questo è perciò il suo pregio/difetto.

Insomma a differenza di alcuni grandi solisti, che dal contesto emergono quasi prepotentemente, lui concretizza idee musicali che si sviluppano in una maniera particolarmente scorrevole producendo ulteriori micro melodie derivate direttamente dal linguaggio del brano stesso, pertanto sagoma interventi che sembrano la continuazione del discorso in atto e che s'innestano nei brani in modo naturale. In questo modo egli realizza assoli ineluttabili, quasi "dovuti", che, proprio per questo, possono sembrare un po' scontati... (Es. *Appocundria, Voglio di più, Viento e Terra, Sono un cantante di Blues*).

Tuttavia è evidente che ciò che Daniele ha voluto modellare e produrre è appunto questa compattezza dialettica ed espressiva: la massa del tutto e non il particolare elemento.

Talvolta il materiale scalare scelto dal musicista napoletano, già poco dopo l'inizio carriera, perciò nei primi anni '80, non era quello del comune chitarrista di rock e dintorni, e quindi il più esteso lessico base optato gli ha offerto ulteriori condizioni di sviluppo del linguaggio musicale (Es. *Tarumbò, Mo' Basta parte 2* in *Sciò live '84, Soleado*).

P.S. Segnalo inoltre tre brani contenuti in dischi di altri nei quali Pino Daniele ha suonato, realizzando dei notevolissimi assoli: *Stand Up* e *Things Must Change* (su *Common Ground* di Richie Havens), Se Guardi Su (*Q.P.G.A.* di Claudio Baglioni).

Riepilogo: le vie maestre

Come già detto in precedenza, nel '900 la chitarra elettrica ha contribuito grandemente allo sviluppo della musica, in particolare del genere Rock (e per certi versi anche al suo collasso). E i chitarristi solisti ne hanno rappresentato l'elemento più importante sotto molti punti di vista, compreso quello più eroico e mitico: i romanticissimi cavalieri templari, alla ricerca di mondani Sacri Graal e perenni glorie...

Quindi della chitarra elettrica moltissimi rivoli e sfaccettature, e proprio per questo può essere utile, dopo circa cinquanta anni, di cui l'ultima metà di generale stallo, tracciare alla grossa tre linee direttrici alle quali riferirsi per una semplice e sintetica comprensione dei linguaggi di massima di alcuni artisti fondamentali che sono venuti alla ribalta e dei loro epigoni.

A oggi le linee più marcate sono quelle che nei decenni i chitarristi hanno tracciato, percorrendo maggiormente le vie più popolari, giacché, per un motivo o per l'altro, quelle di maggior impatto emotivo: la linea ortodossa al Blues, più semplice ma con più venature e nuance espressive, e quella più spumeggiante e innovativa sotto il basilare profilo tecnico strettamente esecutivo manuale-strumentistico di emissione dei suoni, e quindi spettacolare.

Dal Blues di T-Bone Walker e dei tre King nei '60 si arriva alla declinazione più elettrica e rock di Eric Clapton e Jimmy Page; poi c'è quella ellittica e sempre più divergente da queste radici di Jimi Hendrix, Ritchie Blackmore e Jeff Beck, che ha portato prima a Edward Van Halen e poi a Steve Vai e Joe Satriani. La terza via è quella più eccentrica dal Blues e meno basata su ricerche tecniche prettamente manuali-strumentistiche, quella maggiormente incline a sperimentazioni sotto molti aspetti (anche timbriche-elettroniche), più vicina a linguaggi e lessici alternativi con venature etniche e jazz (Frank Zappa, Carlos Santana, Robert Fripp...).

Seppur in linea di principio non necessariamente né perfettamente aderenti a tutto ciò, di solito i basilari terreni delle musiche dei chitarristi sono connessi a questi tracciati stilistici. Ovviamente di tutto e tutti ci sono gradazioni ed eccezioni. (Un ottimo erede mediano tra le due vie maestre hendrixiana-zappiana è stato Adrian Belew.)

Della prima via, quella più "mainstream" con i loro coevi epigoni più o meno famosi e bravi (per esempio David Gilmour), è connaturata poca ricerca di strutturali soluzioni musicali originali, al netto dei timbri chitarristici. Uno dei più noti chitarristi degli ultimi tempi che ha incarnato ciò è Joe Bonamassa.

La seconda, che ha connaturata la pirotecnia, ha generato una pletora di chitarristi che hanno fatto letteralmente a gara per decretare chi fosse il più veloce e meccanico produttore di suoni; e come i campionati mondiali di calcio, ogni quattro anni si decretano le classifiche. A oggi tra i più celebrati c'è Guthrie Govan.

E come i bravi imitatori, tutti davanti allo specchio! Con accanto le immagini da replicare: i primi emulano le azioni dei nonni coi vestiti di oggi, i secondi le piroette degli acrobati dei circhi con le reti di protezione.

A livello musicale tutti oggettivamente monotoni e fini a se stessi. E sofferenti: i primi di arcaizzazione atrofizzante, i secondi di flatulenza superflua; i primi paralizzati, i secondi incorporei.

P.S. La terza via maestra, quella che potenzialmente offriva di più al Rock, non è stata percorsa un granché. David Torn è uno dei pochissimi chitarristi di rilievo in tal senso; oltretutto la "direzione" è stata invertita, nel senso che alcuni grandi musicisti dell'area jazz ne hanno fatto tesoro, e il più notevole è Bill Frisell.

Tecniche e tecnologie
della chitarra elettrica

In questa sezione conclusiva del libro ho riunito una serie di testi con l'intento di fornire un utile corredo esplicativo di tecniche e tecnologie che comunemente sono impiegate dai chitarristi.
La maggior parte di questi scritti arrivano dalla mia lunga collaborazione con una delle sole tre riviste musicali specializzate presenti in Italia: **Axe magazine**.

A tal proposito mi permetto un'annotazione personale e, forse, un po' nostalgica: sono stato fortunato.
Fortunato perché il mio non è stato il tipico percorso professionale del musicista-compositore-didatta (di teoria e strumento).
E siccome ad Axe mi furono affidati innumerevoli articoli di tutte le tipologie (test di strumenti, recensioni di dischi, profili di artisti e gruppi sia moderni che storici, trascrizioni di musiche e parti chitarristiche con commenti, rubriche didattiche), ho accumulato una esperienza straordinaria.
Peraltro stando in un osservatorio fuori dalla norma, anche a fronte dei numerosi contatti che ho avuto: dai produttori-distributori degli strumenti agli appassionati chitarristi fruitori. Oltre a ciò, confrontarmi continuamente con il direttore della rivista e gli altri collaboratori, pochi ma ottimi, ritengo sia stata una

esperienza utile e di arricchimento sotto tutti i punti di vista, umano e professionale.

Selezionare questi articoli dalla mole del mio lavoro per Axe è stato come ripercorrere quegli anni di redazione e rivivere quei momenti.

Percorsi melodici

*Le strategie degli improvvisatori (e compositori)
per conseguire delle curve melodiche
relativamente alle sequenze armoniche*

I musicisti quando eseguono assoli o compongono melodie, temi, riff si fondano su scale musicali (e arpeggi melodici) che di solito sovrappongono a (una breve o lunga che sia) serie di accordi o riff.
Ed essenzialmente si attengono a due principi:

1. quello che pur avendo la scala (o le scale) "giuste" da sovrapporre alla base armonico-melodica, ricavate cognitivamente o a orecchio che sia, non ci si preoccupa un granché di relazionare passo-passo le proprie note con quelle che contemporaneamente scorrono. È un approccio molto empirico, ed è chiamato derivativo (orizzontale).
2. viceversa l'approccio parallelo (verticale) è quello metodico, dato da una minuziosa e profonda consapevolezza del materiale musicale e quindi stabilire un piano di quali scale o arpeggi sovrapporre passo-passo (ossia agli accordi che scorrono) rispetto alla base.

L'approccio orizzontale tende appunto a essere più lineare e fluido, il verticale genera curve melodiche più complesse e sinuose; e in presenza di molti e rapidi cambi di tonalità/modalità è praticamente l'unico verosimile.

Va da sé che il musicista ben preparato a livello teorico e pratico miscela a piacimento questi due approcci; di solito questa miscela la troviamo nell'area jazz (comunque si tende al verticale anche per la natura delle basi di questo genere), mentre nell'area rock prevale di gran lunga quello orizzontale, anche perché le basi su cui suonano spesso sono semplicissime, monotonali o modali, pertanto non esigono particolari preparazioni musicali del musicista (invece obbligatorie per quello verticale e in presenza di molti e rapidi cambi di tonalità/modalità).

Breve esplicazione dei diagrammi melodici

IN sono le note distensive consonanti (quelle facenti parte della scala derivante e/o accordi della sequenza).

OUT sono le note tensive dissonanti (quelle non facenti parte della scala derivante e/o accordi della sequenza).

Estensioni sono quelle note non consonanti ma non estremamente tensive, come le seste e le quarte (quando non presenti in un accordo che non sia una tradizionale triade), e le settime minori; naturalmente ci sono pure le none, le undicesime e le tredicesime. Insomma le estensioni sono tutte quelle note che non corrispondono alla triade dell'accordo (consonanza) e agli intervalli semitonali ascendenti/discendenti e al trìtono (dissonanza), riferibili appunto alle note componenti l'accordo, in special modo alla tonica.

Orizzontale è l'approccio lineare scalare (monoscelta attinente al modo base). Ossia si valuta qual è il modo base unificante della progressione di accordi e s'improvvisa riferendosi a quello.

Verticale è l'approccio riguardante gli accordi (pluriscelta attinente agli accordi). Ossia ogni accordo è preso in carico come entità (più o meno) indipendente, quindi sia le scale cui si possono riferire sia l'arpeggio dello stesso accordo, sono usati per improvvisare.

Le **Curve** del percorso che permeano lo spazio armonico (dove sono iscritti in concreto gli accordi in rosso), rappresentano dunque le articolazioni melodiche che saranno più o meno lineari o tortuose (o addirittura spezzate), a seconda di quale strategia delle quattro è adottata. Le stelle che sono all'apice delle curve rappresentano appunto i punti di attrazione modale cui la progressione accordale tende.

Nel caso non fosse presente una sequenza di accordi (magari solo uno o un bordone di nota, riff e via di seguito, dunque siamo in presenza di una situazione prettamente modale), l'improvvisatore a volte sceglie di simulare una (o più) progressione di accordi, per adeguarsi melodicamente a questo scenario armonico da lui ideato affinché le idee melodiche possano più facilmente affiorare attraverso schemi e meccanismi insiti.

Naturalmente questi modelli sono macrostrutture di massima che nella pratica possono essere più sfumati e meno definiti (anche nelle applicazioni microstrutturali).

IN&OUT super orizzontale con estensioni e tensioni considerando solo il modo base (DO matrice)

Scale e arpeggi imposti liberamente con inserimenti cromatici e sovrapposizioni modali riferiti solo al modo base, che può non essere l'inevitabile centro di attrazione "gravitazionale" stabile della sequenza di accordi.

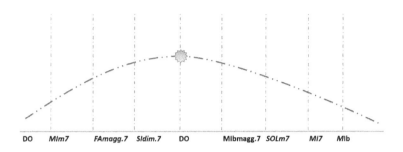

IN&OUT super verticale su singoli accordi con molte estensioni e tensioni degli stessi

Scale e arpeggi attribuiti agli accordi dando scarsa importanza ai 2 modi base anche riguardo all'attrazione "gravitazionale" finale della sequenza, ma molto peso a quella dei singoli accordi (in genere molte note).

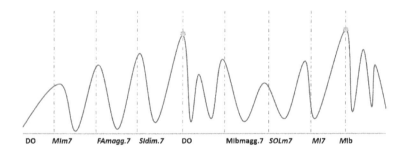

IN verticale con estensioni su singoli accordi

Scale e arpeggi attribuiti agli accordi dando importanza ai 2 modi base solo riguardo all'attrazione "gravitazionale" finale della sequenza di accordi; con eventuali "tensioni (OUT)" riferibili ai modi base (in genere medie quantità di note).

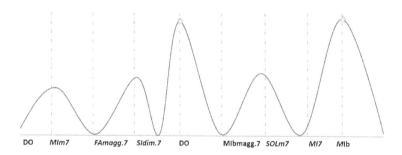

IN orizzontale

Scale derivative dei 2 modi base (DO e Mib), e pochi arpeggi, quindi dando poca importanza ai singoli accordi ma molta rilevanza all'attrazione "gravitazionale" finale della sequenza di questi; con casuali estensioni (e tensioni) riferibili agli accordi (in genere poche quantità di note).

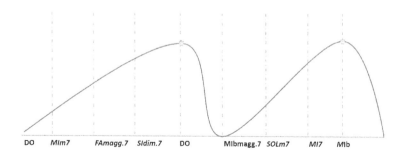

La tecnica esecutiva musicale

Comunemente si pensa alla tecnica esecutiva musicale in modo errato. Moltissimi misurano il tasso tecnico di strumentisti/brani/gruppi prestando attenzione soltanto all'eventuale presenza di esecuzioni di passaggi musicali estremamente rapidi e netti (di solito a note singole pertanto melodici). Certamente non è sbagliato, ma è assai parziale.

Oltre a questo elementare aspetto della tecnica musicale, la mera meccanica del **quanto** (più rapidamente e nettamente possibile), c'è quello sofisticato del **come** ossia la cosiddetta *pronuncia musicale*, e il cognitivo **quando** ossia intendere delle misure ritmiche-metriche: sono gli aspetti più importanti e avanzati.

IL QUANTO

La prassi strumentale inerente la rapidità esecutiva (unita con la pulizia sonica) è da sempre un dato controverso, sopravvalutato pure perché facilmente stimabile, anche dai profani: è evidente a tutti se tante o poche sono le note suonate da un musicista. Naturalmente la velocità non è stata usata solo per impressionare, bensì a volte anche come efficace mezzo espressivo: ebbrezza vertiginosa... Nella pratica l'estrema velocità non è tanto l'esito di addestramento strumentale quanto un dato di predisposizione fisiologica, come il correre a piedi: ci si può allenare quanto si vuole, ma dopo aver quasi subito stabilito il proprio standard, la curva d'incremento del fattore velocità è molto bassa.

Il COME
Conseguire questa tecnica è più complicato di quella della rapidità esecutiva, il "come pronunciare" è più propriamente una tecnica: tutti la potrebbero conseguire, dopo molti anni di esercizio dedicato, nessuno è potenzialmente penalizzato (come invece la prima), e sempre si può notevolmente incrementare. La grande abilità di come emettere suoni musicali in molte varianti, accenti, inflessioni, dizioni (le articolazioni di legato, staccato, portato, accentato, glissato ecc.) determina peraltro la massima individualità dello stile esecutivo, quello altamente espressivo.

IL QUANDO
È l'aspetto tecnico cognitivo e attiene al controllo del flusso temporale, quindi la capacità del singolo musicista (di solito in connessione con gli altri) di comprendere perfettamente e quindi muoversi nel reticolo metrico-ritmico in divenire. Insomma, dopo aver imparato a emettere rapidamente e in modo netto suoni con uno strumento e possedere una buona varietà articolativa, capire perfettamente il flusso temporale, con le sue misure metrico-ritmiche, è la tecnica definitiva, principale e superiore. La finalizzazione del fare musica non è tanto come (o addirittura cosa) suonare, ma QUANDO suonare. Questa è la più notevole discriminante tecnica operativa.
Di solito in tutti i generi di musica (Classica, Jazz, Rock ecc.) ci sono strumentisti in grado di suonare molto rapidamente e in modo netto; se chiedessimo a un musicista classico di suonare una

parte (melodica o armonica o ritmica) di Jazz o di Rock, magari particolarmente veloce, non avrebbe grossi problemi, come viceversa. Quello che spesso manca è la corretta pronuncia che il genere richiede. Dunque l'invalsa inadeguatezza del musicista classico nel suonare Jazz o di quello Rock nel suonare Jazz ecc., non è nella tecnica dell'emettere velocemente le note, ma nel farlo con il "giusto" linguaggio tecnico, la sua articolazione; il raffinato come.

Dunque la tecnica è il lato meccanico della messa in atto, e il modo di emettere i suoni musicali è chiamato comunemente *pronuncia musicale*.

La pronuncia è data dal *metodo tecnico d'articolazione*, che è l'insieme delle procedure tecniche strumentali di soluzioni di continuità applicative per passare da un micro evento all'altro, che serve operativamente al musicista soprattutto COME realizzare la propria musica.

Quindi *la pronuncia è l'alterazione o comunque il controllo dello strumentista delle 4 fasi d'inviluppo* sonico: attacco, decadimento, sostegno e rilascio. La pronuncia pertanto determina le cosiddette articolazioni musicali (legato, staccato, portato, accentato, glissato ecc.).

Insomma, *si forzano le "naturali" evoluzioni d'inviluppo sonico proprie degli strumenti,* per ottenere transizioni tra i suoni che permettono un fluire musicale soggettivo nello sviluppo delle frasi musicali, *definendo così lo stile esecutivo-espressivo connotativo di ognuno.*

In pratica l'articolazione interna della condotta del suono, cioè come suoni diversi confluiscono uno nell'altro (pronuncia), sono parametri tra loro connessi e connettenti pure con un discorso musicale espressivo timbrico-ritmico-dinamico molto importante. La pronuncia musicale è per ognuno diversa e personalizzerà in maniera decisiva la musica di un individuo rispetto a un altro.

Pertanto l'emissione di suoni deve essere all'inizio la più "pulita" possibile. La "pulizia" si consegue dalla precisa nettezza (mediante adeguate operazioni di manipolazione del musicista sul proprio strumento) nell'emettere suoni senza rumori accessori.

Questi rumori sono di solito connaturati allo strumento usato, tuttavia ci sono strumenti che ne hanno, altri no; altri ancora sono il tal senso delle vie di mezzo ossia li hanno insiti, ma non sono controllabili dal musicista (per esempio la voce). Per esempio il pianoforte e ancor più le tastiere elettroniche non hanno questi rumori, giacché il pratico sistema di produzione sonora è prefissato; pertanto solo l'articolazione cioè l'insieme delle procedure per passare da un suono all'altro è responsabile degli esiti di precisione (e pulizia). Tutti gli strumenti a corde come il violino, chitarra ecc., hanno insiti dei rumori accessori causati dall'obbligatorio sistema funzionale operativo di emissione sonica esecutiva.

La chitarra elettrica, quando il suono è saturato elettronicamente (distorsione), è basicamente lo strumento più "sporco" di tutti nell'attuazione sonica; ne deriva che è quello cui prestare maggiore attenzione nella pratica esecutiva.

Questo è dato, oltre che dal fisico mezzo di produzione sonora dello strumento ovvero corde e metodi per eccitarle, dal fatto che le note vere e proprie quando saturate elettronicamente quindi alterate, pure laddove emesse in modo assolutamente preciso e neutro, sono costituite timbricamente da armoniche superiori enfatizzate (suoni più alti in frequenza), che fanno tanto colore ma anche rumore. (Più il suono è distorto più le armoniche delle note fondamentali sono enfatizzate.)

Ciò si può tradurre da parte dello strumentista in un esagerato addestramento esecutivo per mondare più possibile la realizzazione sonica delle note, con conseguente neutralizzazione di peculiarità in fatto di colori e connotazioni e quindi di calore e personalità musicali fornite dall'azione stessa del musicista tramite il suo strumento. Infatti in questi casi egli cerca eventualmente di concretare suoni più personali scegliendoli direttamente come timbri a monte, cioè come loro forma d'onda caratteristica a prescindere dalla esecuzione tecnica.

Timbri (prescelti) e fraseggi musicali (quali note, quindi i contenuti denotativi) possono trarre in inganno e confondere la valutazione della personalità del musicista dei termini tecnici primari; sono invece determinanti a livello tecnico d'individualità la pronuncia ovvero l'articolazione dei suoni (espressive connotazioni) nel divenire, uno dopo l'altro.

È decisiva l'individualità fornita dalla strategia tecnica dello scegliere ogni volta di stare in mezzo tra la statica emissione meccanica uniforme e incolore e l'eventuale esito balbuziente e goffo che si configura come trasandatezza e imprecisione, per tentare di imprimere l'opportuna dinamica che forzi i suoni colorandoli nel loro divenire tracciando così linee musicali personali. I musicisti che scelgono di stare nella "terra di mezzo" corrono dei rischi perché il pericolo è quello di sembrare tecnicamente trascurati, infatti l'esperienza insegna che quando si è incapaci di suonare uno strumento, i rumori accessori sono eccessivi; anzi di solito sono proprio quei rumori che evidenziano immediatamente l'imperizia del musicista inesperto.

Ne risulterebbe la conseguenza logica che tecnicamente più si è uniformi e neutri più si è bravi... No.

Il sommo controllo tecnico del musicista è dato di volta in volta proprio dalla scelta di non emettere i suoni con quella perizia formale fornita dal normale e obbligatorio addestramento dei primi tempi di apprendistato accademico strumentistico, che per definizione è sempre uguale per tutti perciò che fornisce a tutti gli stessi suoni primigeni.

Lo strumentista che attua il proposito di una personalissima, individuale e pertanto non imitabile emissione super-espressiva rischia di scendere al di sotto di quelle specifiche di precisione di emissione e quindi addirittura d'incappare nell'errore. Dunque questa scelta tecnica strategica ha implicita un carattere di artisticità a sé stante, sia per l'originalità quasi ineluttabilmente insita sia nella nobile volontà di discostarsi dal dettame, accademico, assumendosi perciò dei reali rischi di fallimenti operativi tattici dell'azione proposta.

Quando si ascolta qualcuno veloce e pulito, spesso concedendogli la palma di super-tecnico, va considerato che la superiore tecnica è data invece dalla personalizzazione di pronuncia: quando si va veloci non si articolano tutti quei suoni con tutti i parametri possibili di dizione, accento, inflessione, cadenza, tono ecc., ma solo (quasi inevitabilmente data appunto la rapidità di esecuzione) privilegiandone solo pochissimi.

Dunque appare quantomeno singolare che la velocità possa essere un parametro fondamentale per la stima tecnica di un musicista, perché quando si è super-puliti non si sceglie, ma si è appunto obbligati a quella precisa e non mutabile emissione, ne consegue che tutti quelli che lo sono si somigliano: sono come automi spersonalizzati e inespressivi, che riusciamo di distinguere per loro scelte di altra natura (suoni e scelte di note) ma non da quella tecnica superiore.

Nessun serio musicista impara praticamente una scala musicale emettendola in modo non preciso e quindi non netto; in seguito, a fronte di questa perizia fondamentale, sceglierà di volta in volta il grado di quantità di rumori accessori e armoniche da correlare alla serie di suoni scelta di emettere, per poterla rendere davvero specifica quindi espressiva, originale e inimitabile.

Insomma questa è la vera maturità e grandezza tecnica strumentale del musicista, che concerne la scelta di non essere uniformi e neutri ma di emettere e pronunciare i suoni come meglio crede per conseguire un individuale risultato espressivo, di precorrere mentalmente e quindi eseguire molte variazioni dell'agire rispetto il modo indifferenziato imparato all'inizio.

Bending

Il bending, ovvero l'"arte" di tirare una corda e di conseguenza variare l'intonazione di una nota da un microtono a un tono e mezzo e più, è da considerarsi la prima possibilità che abbiamo avuto a disposizione con la chitarra per emulare la flessibilità dei cantanti e dei fiatisti; il saper "piegare" le note ha contribuito a espandere il lessico e le possibilità espressive della chitarra. La chitarra elettrica ha naturalmente fatto propria questa tecnica e l'ha sviluppata fino a creare e/o a favorire dei veri e propri stili musicali.

Grazie alla facilitazione meccanica offerta dalla scalatura delle corde e alla struttura stessa dello strumento, insieme alla distorsione e quindi al sostegno e all'ingrossarsi delle note, la chitarra elettrica si è evoluta, passando per country, blues, rock, hard, metal, shred, sempre con grande risalto della possibilità di tirare le corde (prima manualmente, poi con la leva, oggi anche elettronicamente con effetti tipo Digitech Whammy). Insieme a una distorsione sempre crescente, questo ha fatto sì che la chitarra elettrica si affermasse come lo strumento più "esagerato" (e, forse, più espressivo) di tutti, attirando l'attenzione dei giovani in cerca d'emozioni e gloria sonica. C'è da ricordare che molti, all'inizio dell'"avventura" della chitarra elettrica, cercavano di andare oltre, con bending, bottleneck e leva per imitare le chitarre pedal steel o lap steel (cosiddette hawaiiane) che andavano per la maggiore. Il bending ha avuto tanto successo che l'industria già da molti anni ha dotato i tastieristi di dispositivi (rotelloni e levette), che permettono loro di "stonare" le note come i loro antagonisti... chitarrai. E anche i bassisti ne sanno qualcosa, con i bassi senza tasti! Negli ultimi anni la tecnica del bending, seppur facente parte del bagaglio d'ogni chitarrista moderno, non sembra avere esponenti di rilievo anche perché, come abbiamo già accennato, si sono rese possibili nuove tecniche e manipolazioni elettroniche, che hanno un poco distratto il chitarrista rock e dintorni da questa tecnica, da un lato molto immediata (giacché non serve nient'altro che una chitarra) e dall'altro molto fisica, manuale e... difficile! La maggior parte dei bending sono fatti per innalzare l'intonazione della nota originaria, ma nulla vieta di effettuare il cosiddetto reverse bending: in pratica si fa prima (di percuotere la corda) il bending e poi si suona rilasciando la corda, lavorandola con vibrati e quant'altro; l'effetto ovviamente sarà quello di avere una nota che decresce d'intonazione. È scontato affermare che la cosa più importante in questa tecnica è l'intonazione, seguita subito dopo dalla pulizia d'esecuzione, ovvero dal "silenziamento" delle altre corde. Possiamo rozzamente dividere il bending in due categorie: quello più ornamentale, un po' lamentoso e in genere meno pulito del blues; e quello più diatonico, melodicamente "integrato" del rock.

Confrontati con i Maestri
B.B. King è l'antico signore della chitarra elettrica; non è stato certamente il primo a utilizzare il bending, ma forse è quello che ha più influenzato i suoi contemporanei e la generazione successiva. L'esempio mostra come i bending sottolineano (come spesso accade nel blues) con inflessioni microtonali, l'ambiguità delle

terze (maggiori e minori) nel blues. Anche se sulla carta non appare mai il do (terza minore) in realtà il Do# segnato quando è "bendato" non è mai perfettamente intonato, ma appena calante, quindi...

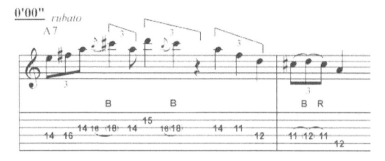

You've Done

Eric Clapton è senza dubbio uno dei chitarristi bianchi più importanti, quello che ha esteso, modernizzato e reso più aggressivo il modo di suonare il blues; tuttora gli sono debitori fior di chitarristi come Robben Ford, tanto per citarne uno. In questo strumentale e nel passaggio specifico trascritto, sono condensati moltissimi di quegli elementi ripresi e sviluppati da intere generazioni di musicisti: bending su doppie note, con quella più bassa che va dalla seconda maggiore all'unisono (prima battuta), il lick abusato e classicissimo che, in pratica, ribatte le note con bending (seconda battuta), bending alla terza dell'accordo (terza battuta), doppie note con quella più bassa che da quarta passa a terza minore (quarta battuta), e nell'ultimo double-stop diventa da terza minore a maggiore dell'accordo, un vero "brevetto" del blues.

Hideaway

Peter Green ha sostituito Clapton nel famoso gruppo dei Bluesbreakers di John Mayall e sicuramente è riuscito a non farsi schiacciare dal peso del "Dio Clapton", avendo una personalità differente dal predecessore; Green è più riflessivo e malinconico, e la sua abilità nelle note lunghe ingenerate dal feedback ha influenzato un altro caposcuola come Santana. Ma non solo; infatti, nella trascrizione (tratta dal suo famoso strumentale Supernatural, in sostanza un blues minore) troviamo altri elementi cui hanno fatto riferimento Santana e altri: il fraseggio di Green appare certamente legato a stilemi blues, ma è altrettanto evidente la sua propensione a sintetizzarli per protendersi artisticamente avanti a quel genere tanto in voga all'epoca, come conferma il suo primo album come solista *The End Of The Game*. Nell'esempio abbiamo bending più diatonici e meno coloristici, compensati da un fraseggio ritmicamente non lineare: figure terzinate si susseguono a sincopi e accelerazioni di quartine di sedicesimi.

Supernatural

Jimi Hendrix è probabilmente il chitarrista che più è stato emulato e idolatrato, in virtù delle sue incredibili performance sia dal vivo sia in studio. Il suo animalesco istinto per lo strumento chitarra ha portato, lui e lo strumento, su vette mai raggiunte fino ad allora; d'altronde tutto questo furore era smussato da non comuni talento compositivo e ricerca sonora. Dal rock & roll in MI di *Come On* abbiamo estrapolato una feroce interpretazione del bending: non ci sono cose particolari se non il suono crudo e grezzo, il bellissimo vibrato iniziale, e l'aggressione alle corde, sporcando volutamente (credo) il tutto, e che, soprattutto dalla terza battuta in poi (sulle note segnate con *), gli fa suonare addirittura la corda sol (semistoppata), facendo somigliare quei bending più che a un canto a una rauca imprecazione. Tutto mooolto rock!

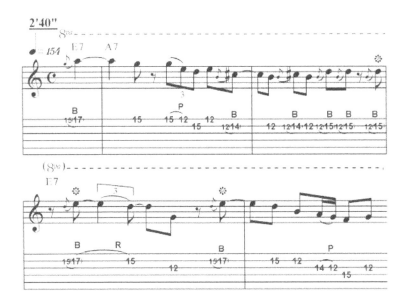

Come on Part 3

Jimmy Page è forse uno dei chitarristi più influenti della storia del rock, però, al contrario di Beck, più come ideatore di riff, arpeggi, orchestratore di chitarre, accompagnatore e compositore che come solista puro. Tuttavia ci sono (a dir la verità non moltissimi) spunti che ne affermano la grandezza anche nel campo più strettamente solistico. Un disco ricco di questi spunti che mi sento di raccomandare è il classico *The Song Remains The Same*, ripreso dal vivo nel 1973. Ed è proprio dalla versione live di *No Quarter*, contenente un bellissimo e lungo assolo di Jimmy Page, che proponiamo nella trascrizione, oltre un bellissimo bending di un tono e mezzo, anche un cromatismo, sempre nella prima battuta, per poi concludere con una frasetta cattivella molto bluesy che poggia sul bending di semitono da Fa a Fa#, raramente utilizzato su un accordo minore.

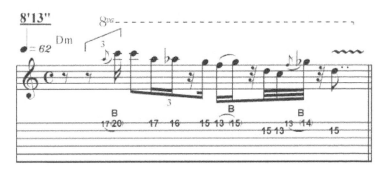

No Quarter

David Gilmour rappresenta il tipico chitarrista rock vecchia maniera inserito in gruppo: non veloce ma lirico, poco appariscente però tremendamente efficace, e che (apparentemente) ha avuto notorietà e visibilità grazie soprattutto al successo della band. Forse è vero, ma solo in parte. Gilmour ha suonato diversi assoli memorabili, che ci hanno insegnato più di una cosetta e che difficilmente avremmo avuto altrimenti. L'assolo di *Shine On You Crazy Diamond* è un classico, ed è esemplare la sua grande interazione e interpretazione dell'atmosfera del brano (un largo e morbido, almeno nella prima parte, blues terzinato in SOLm, che trascriviamo più comodamente in 12/8); da notare il doppio bending (da lui usato spesso) alla fine della terza battuta!

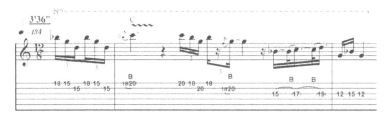

Shine on You Crazy Diamond

Carlos Santana è un chitarrista che ha avuto una carriera molto varia e articolata. Nella stragrande maggioranza dei casi, le principali caratteristiche per cui è noto e apprezzato sono il suono e la sua fortissima inclinazione melodica. Nell'esempio, tratto da un album (*Zebop*) poco conosciuto ma bellissimo, abbiamo una bella dimostrazione di come, con poche note ma molta abilità a trattarle, si possa ottenere molto: da notare la nota di Reb ricavata suonandola dopo aver tirato il Sib a Do; l'ostinato (estremamente preciso sia d'intonazione sia ritmicamente) di questo lick, genera una tensione risolta poi parzialmente con il rilascio della corda e ribattendo la settima minore dell'accordo (Lab). La tonalità d'impianto è FAm e la scala usata è la sua omonima.

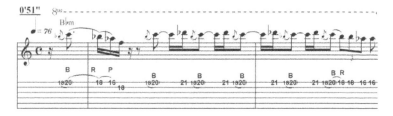

Brightest Star

Jeff Beck è indubbiamente il più "pazzo" dei chitarristi, trasgressivo e incostante, repentino e aggressivo, tutte caratteristiche che possono essere applicate sia al personaggio che al suo modo di suonare; è, infatti, capace (spesso) di prestazioni superbe, ma anche (talvolta) molto mediocri. La sua arte chitarristica (è un compositore modesto) si può racchiudere in uno stile flashy ricchissimo di spunti e idee, tra l'altro riprese da molti (Moore, Van Halen, Belew, Lukather). Nell'esempio, estrapolato da uno dei suoi dischi più belli, *There And Back* del 1981, si evidenzia un doppio bending che va da Re a Mi e successivamente a Fa#, proseguendo con un bel reverse bending da Re a Do#. La frase è in un range altissimo e poco comodo, la scala è quella di SIm.

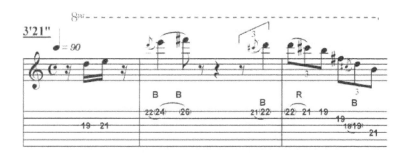

The Pump

Larry Carlton ha il merito di aver avvicinato la chitarra rock a quella jazz: lo ha fatto prima e meglio di molti altri (pensiamo a Mike Stern o ad Eric Johnson, ad esempio). Con rara eleganza ha sintetizzato il canto di discendenza blues-rock e la sapienza e lo swing del jazz, miscelando così bene il tutto che è riuscito ad applicare il suo stile con successo in molte produzioni, anche pop. Gli estratti provengono da un brano che è una piccola perla (un raffinato blues-fusion in SOL); il tutto trasuda classe e feeling. Non c'è nessuna particolare attenzione, salvo, nel secondo esempio, per il timing preciso sia delle note SOL in controtempo e ribattute, sia del bending ostinato del La portato a Si. Attenzione anche all'intonazione e alla pulizia di quel La portato a Re!

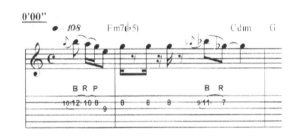

South Town

Steve Lukather è già da considerarsi un moderno maestro del rock. Infatti le sue prime registrazioni importanti datano alla fine degli anni '70. Abbiamo estrapolato da *Rosanna* dei Toto uno dei suoi più famosi e riusciti assoli, che rappresenta uno dei punti più alti da lui raggiunti. Frasi diatoniche con addirittura dei cromatismi, si mescolano meravigliosamente con impennate rabbiose di bending e colpi d'ascia rock pentatonica. Le sue raffinatezze e trovate in tema di bending sono evidenziate nell'esempio: sembra che tutta la bellissima frase sia suonata partendo dalla tecnica di bending, che qui meno che mai è considerato un ornamento sovrastrutturale come in origine (anni 50/60) era semplicisticamente interpretato. Da antologia della chitarra elettrica!

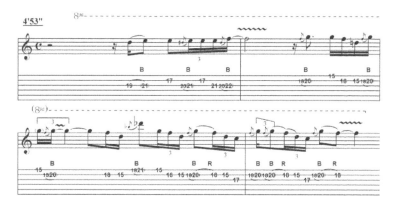

Rosanna

Conclusioni

Il bending su carta perde molto del proprio fascino e senso, tuttavia ho trascritto alcuni esempi per stimolare il più possibile a tale pratica tecnica, imprescindibile in una "sana" competenza della chitarra elettrica. Abbiamo dovuto lasciar fuori da questa piccola e parzialissima rassegna molti chitarristi meritevoli per problemi di spazio: d'altronde gli stessi musicisti trascritti hanno nel loro repertorio tanti altri esempi da antologia!

Ma il bending è soprattutto un approccio tecnico che va oltre il tirare la corda, è una specie di stile nello stile che è strettamente legato all'espressione; oltretutto è un approccio molto fisico alla chitarra, e praticamente tutti i chitarristi citati (e non) ne danno un'interpretazione simile ma mai uguale: c'è chi sporca il bending, c'è chi lo fa molto pulito, c'è qualcun' altro che vibra la corda e c'è chi lo fa quasi mai vibrando. Ci sono altri che prediligono farlo in ambiente blues, per ottenere quei microtoni lamentosi e ornamentali, c'è chi lo fa più diatonicamente, così rapidamente e perfettamente intonato che quasi non percepiamo il bending, ma una mazzata di nota! Naturalmente un approccio non esclude l'altro e spesso tutti fanno...tutto. È la tecnica che forse ha più di tutte sublimato il carattere e l'intensità dei chitarristi elettrici, anche se naturalmente ci sono state e ci sono delle eccezioni. Insomma dopo aver suonato questi esempi, ascoltiamo bene questi (ma anche altri) maestri; sono quasi tutti del passato, poiché a quell'epoca questa era la tecnica primaria della chitarra rock, diventandone una struttura importante.

C'è stata una specializzazione che poi si è persa in favore d'altre, ugualmente considerevoli, che in pratica hanno fatto evolvere il nostro strumento, ma sembrano aver portato il bending a semplice sovrastruttura d'abbellimento, preferendogli magari (stimolantissimi) "surrogati" come la leva o il Whammy Pedal. Non che i vari Steve Vai o Joe Satriani non lo facciano o lo facciano male, anzi; è solo che non è un elemento basilare del loro stile e interpretazione della chitarra elettrica. I rudimenti in molte attività vanno via via perdendosi, sia perché c'è un'accanita tendenza alla specializzazione, sia perché, al contrario, si cerca di fare di tutto e di più, perdendo di vista i tratti principali che consentono un'autentica maturazione. In ogni caso non degradiamo il bending a semplice esercizio pratico e di stile come spesso capita d'udire: insomma bisogna ascoltarlo, ma soprattutto sentirlo!

(Articolo pubblicato su Axe Magazine n.55 - maggio 2001)

Tecniche paradossali

L'argomento "tecnica" è, paradossalmente, quanto di più spinoso possiamo immaginare; e affermo paradossale perché una tecnica per quanto tale dovrebbe essere piuttosto oggettiva, ma si sa in arte (e meno male), questo non è così scontato. Certo sono in molti a considerare questa completa disciplina (la musica), più come uno sport che come espressione di sé e di quello che ci circonda. E quindi è più bravo quello invece di quell'altro, giudicando su parametri (tecnici) spesso a dir poco parziali.

Non posso fare a meno di notare che in queste pagine di tecniche ed esempi, siano citati tutti chitarristi dell'era "Van Halen in poi". Per quanto li apprezzi e li ammiri non sono però l'unica incarnazione della chitarra rock! E poi perché citare Holdsworth per quanto riguarda il legato, e non Al Di Meola par la pennata alternata e il muting che ha in pratica "inventato", o lo stesso Holdsworth per la leva, e in concreto tutta la generazione precedente (Page, Hendrix, Clapton, Blackmore, Beck, ecc.) per bending, vibrato, slide, leva e quant'altro?

Mmm... ho la sensazione che così non s'attivi e stimoli la curiosità e la ricerca (che dovrebbe comunque essere spontanea) di tutti gli appassionati di musica e più specialmente della chitarra elettrica. Andiamo oltre e chiediamoci che cosa vuol dire tecnica. L'accezione comune è: ogni accorgimento, metodo o modo di procedere, nello svolgimento di un'attività. Si può astrarre e affermare che la tecnica è la maniera pratica d'attuare qualcosa che abbiamo immaginato; e se noi abbiamo poca immaginazione avremo poche tecniche. Questo non vuol dire che saremo dei mediocri musicisti ma...

Vediamo di allargare un po' la visione. Siamo in un momento in cui in tutti i campi c'è una tremenda specializzazione; anche la musica ne risente, ma non possiamo spendere tantissimo tempo per migliorare solo la pulizia e la velocità del nostro plettrato o sweep o tapping. Cadiamo sempre sul discorso velocità e pulizia di qualsiasi tecnica stiamo trattando: è molto riduttivo.

Per esempio: chi è che considererebbe una tecnica il saper suonare una qualsiasi parte sempre con lo stesso volume, suono, intenzione; o viceversa con sfumature sempre diverse, con colori e interpretazioni personali?

Il punto è: le tecniche sono tantissime oppure dobbiamo considerare la tecnica chitarristica un ricettacolo di moltissimi modi, alcuni fondamentali altri d'espansione, se non di ricerca sonora, d'esprimersi e fare musica, tutto il resto è folclore.

Cerchiamo di passare più tempo ad ascoltare dischi diversi di vari chitarristi e apprendere cose nuove o approfondire le varie sfaccettature di quelle che già conosciamo. Altrimenti avremo semplicemente il mostro che plettra o "tappa" o "sweeppa" da spavento; bene che vada ce ne sarà uno che riesce a farne una più del diavolo e allora sarà il nostro messia.

Di tecniche ce ne sono molte e non tutte evidenti e muscolari.

Partendo dalle citate definizioni di tecnica: più modi ho d'affrontare il problema, di concretare un'idea (in maniera mediamente efficace), più sono tecnico. Se davanti a una progressione armonica ostica e inusuale ho difficoltà a inventare un tema o un solo, oppure, al contrario, su una base modale statica, dopo aver sparato tutte le cartucce più impressionanti, non ho più niente da dire, io posso suonare più veloce di qualsiasi altro, ma non avrò una tecnica sufficiente!

Dovremo ampliare il concetto di tecnica includendo altri criteri che ci permettono di realizzare quello di cui abbiamo bisogno nelle maniere più svariate. Quindi una tecnica armonico-melodica molto sviluppata è quanto di più appropriato serva a un solista (anche per comporre e accompagnare); come giudichiamo tecnicamente un Satriani che davanti a una progressione armonica appena un po' complicata non riesca a fronteggiarla adeguatamente? Quanti di noi sanno riconoscere e suonare su ritmi più inusuali, perfettamente a tempo, o al contrario flessibili e inseriti musicalmente? Quanti hanno quel particolare "metronomo interno" che gli permetta di avere un respiro musicale in tutte le occasioni, anche le più semplici? Oppure ci limiteremo a risolvere ogni questione con qualche fischio e botto o tremende sestine di sedicesimi?

Andiamo sul manuale: quanti di noi sanno modulare un bending con precisione su più di una nota o semplicemente suonare quella nota senza tentennamenti (e vibrato tattico) e rimanerci senza scappare velocemente per paura di essere stonati? Quanti modi abbiamo di suonare una semplice scala maggiore o un arpeggio, quanti accordi conosciamo, quanti tipi di scale e arpeggi conosciamo e sappiamo suonare su un brano? Ogni epoca e generazione ha avuto personaggi che hanno contribuito allo sviluppo della musica e, negli ultimi decenni, della chitarra elettrica; mi sembra logico pensare che se è vero come è vero che un Jeff Beck non ha una tecnica di plettrato velocissima, ne avrà qualche altra che valga la pena indagare, come avrà l'uso della leva, proprio perché la sua espressione si poggia su quest'ultima, verosimilmente coltivata più del plettrato superveloce; che non appartiene solo a Paul Gilbert, basti andare a sentirsi John McLaughlin in un qualsiasi suo disco. Non si può credere che dei chitarristi siano supertecnici in eguale misura su tutte le tecniche prima citate; tutti avranno sviluppato meglio delle tecniche piuttosto di altre.

Cerchiamo di cogliere il loro significato musicale, solo così ci arricchiremo. Non tutte le scale iperveloci che ascoltiamo posseggono la stessa urgenza espressiva.

Invece di udire nel solo senso fisico, dobbiamo ascoltare attivamente, per poi cercare di sentire. La musica sta in mezzo tra uno sport e un'arte; è "sportiva" anche perché è molto fisica e si manifesta con effetti fisici che investono il nostro corpo, e la competitività che frequentemente suscita non ha eguali in nessuna altra forma artistica.

Ma la musica è una disciplina complessa e la crescita tecnica non va di pari passo con la crescita di musicalità.

Caratteristico della musica è il fatto che le note prese singolarmente non significano nulla se non sono relazionate con altre; figuriamoci le tecniche prese esclusivamente come tali e non rapportate a un fine musicale. E, con il massimo rispetto verso le categorie, saremo solo degli operai e/o dei fini teorici della musica, manualmente e/o intellettualmente superdotati, ma non dei musicisti creativi.

(Articolo pubblicato su Axe Magazine n.40 - gennaio 2000)

Pietre angolari

Quante volte ci è capitato di prendere in mano la chitarra e la prima cosa che suoniamo è un lick blues? La pietra angolare del blues è la chitarra! Successivamente la chitarra elettrica lo fu del rock and roll (parente stretto del blues) e poi di tutti i loro discendenti: hard rock, heavy metal ecc... Questo, purtroppo è tanto vero e bello quanto limitante per il "comune sentire" del medio chitarrista rock: automaticamente, quasi fosse un richiamo atavico, tutto deve confluire in una frase o un lick con un sapore blues altrimenti...? Voglio andare oltre, e posso affermare per esperienza diretta e indiretta che il medio chitarrista rock è legato all'ombelico materno del rock-blues dal cordone, è proprio il caso di dirlo, Mi basso della chitarra. Per quanto possibile il "nostro" chitarrista fa derivare tutto, tonalmente parlando, da quel Mi: "sente" tutto in Mi minore, indifferentemente, che sia un pedale ostinato, un riff o una progressione di accordi che inizi o finisca in Mi, sarà sempre e solo in Mi! *(vedi i due esempi illustri).*

La pietra angolare della "chitarra rock" è il Mi basso, spesso concepito come tonica minore; questo sta rapidamente portando a una acuta crisi di creatività visto che le combinazioni armoniche-melodiche di questo "sentire" sono ovviamente limitate e già ampiamente sfruttate. Da tempo ormai l'interpretazione della "chitarra rock" si è ridotta a essere una mera competizione di velocità ed effetti circensi: laddove non arriva l'orecchio e il cervello si sopperisce con "muscoli" ed "effetti speciali"! Ad ogni modo, il chitarrista moderno ha fatto molti passi in avanti sia in senso melodico sia armonico; si è un po' meno sviluppato ritmicamente. Tuttavia, si sta un po' cristallizzando sulle posizioni raggiunte; la sintesi effettuata appare un po' superficiale. Insomma, un bel pattern be-bop mischiato a un gustoso lick blues, condito da un'escursione neoclassica (magari in tapping) e concluso pattern country (vedi esempio), è notevole e impressionante, ma non può essere il bollo finale sul passaporto della chitarra del 2000, per viaggiare senza confini.

Attraverso lo scontato studio di armonia e melodia, e quindi di accordi e scale comuni e accademiche, niente, per ora, di strano e impegnativo; ma, interpretando diversamente questi stessi materiali, ben conosciuti e frequentati, cercheremo di dotarci di più note utili per arricchire il nostro vocabolario.

(Articolo pubblicato su Axe Magazine n.22 - maggio 1998)

La pausa: il sale della nostra cucina...

Per togliere ogni dubbio, la pausa, come recita la nuova enciclopedia della musica Garzanti, è un "momento di silenzio in una musica, inteso ora come una reale percezione d'ascolto, ora come una prescrizione esecutiva". Il linguaggio dei suoni è senz'altro astratto, non è concettuale o figurativo; quindi niente di più astratto di una pausa in musica! Ma questa sublimazione dell'astratto nell'arte musicale è di fondamentale importanza.
Credo che siamo tutti d'accordo quando Igor Stravinsky (forse il più celebrato compositore di questo secolo), afferma: "Poiché ogni musica è una serie di slanci e di riposi, è facile intendere che l'accostamento dei poli d'attrazione determinano, per così dire, il respiro della musica".
Quindi una musica senza pause è un po' come andare sott'acqua in apnea; una musica fatta tutta di slanci può facilmente essere piatta.
C'è subito da rilevare che per quanto riguarda il mondo chitarristico degli ultimi trenta anni, si possono tracciare agevolmente delle coordinate piuttosto precise.
Nei riff e negli interventi solistici dei chitarristi anni 70, contrariamente a quello che ci aspettavamo, la pausa non era molto sfruttata; ma questi ultimi possedevano delle dinamiche e inclinazioni melodiche che li aiutavano a non affaticare il discorso musicale.

Negli anni 80 prima, ma soprattutto nei "90" poi, il suonare si è sempre più infittito di note a scapito delle pause, tuttavia le dinamiche esecutive e l'elemento melodico non sono cresciuti di pari passo.

Si discostano da questa tendenza un po' tutti i chitarristi rock-blues. Infatti, hanno fatto e fanno largo uso di momenti di silenzio nei propri assoli, o comunque di notevoli slanci e riposi, ponendo l'accento così sul tratto peculiare e irrinunciabile del blues di "domanda e risposta".

In particolare, David Gilmour e Carlos Santana, anche se non esattamente in ruolo nelle milizie dei chitarristi blues, ma proprio per questo ancor più degni di nota, hanno fatto della pausa, sommata ad altre qualità, un loro speciale marchio che ha contribuito a distinguerli. La loro originale costruzione del fraseggio e dell'assolo è sicuramente in debito con l'uso sapiente di preziosi silenzi, facendo respirare la musica... e noi!

Un discorso a parte lo merita Jeff Beck che con il suo stile originalissimo si equilibra per quanto concerne le pause, slanci e riposi, in un modo particolare: i suoi interventi solistici sono spesso dei flash infarciti da molte pause, ma quando si lancia in un assolo più standard, difficilmente si concede dei silenzi.

La principale "controindicazione" pratica e psicologica nell'uso delle pause, risiede nel pericolo di spezzettare troppo il fraseggio, quindi bisogna avere una visione d'insieme dell'assolo molto lucida, altrimenti (a meno che non lo si voglia) si rischia l'effetto contrario dell'agognata fluidità musicale; sicuramente si otterrà un respiro... ma asmatico!

Ho prima detto controindicazione psicologica perché spesso una pausa può essere scambiata per un'incertezza sul da farsi in quel momento, e c'è da notare un uso piuttosto diffuso di delay e d'irreali riverberi che contribuiscono a non lasciare isolate le note un po' insicure, e magari coprire qualche magagna.

Chitarristi che provengono da aree orientate verso il jazz hanno una naturale predisposizione verso le pause; vuoi per la lunghezza e l'oggettiva difficoltà nel compiere assoli nelle complicate strutture armoniche jazz, vuoi soprattutto per l'emulazione degli strumenti a fiato e della percussività del pianoforte, veri protagonisti dell'età d'oro del jazz.

Chitarristi come John Scofield o Scott Henderson, solo per citarne due tra i più noti, rendono espressivo, con un uso spregiudicato delle pause (ma non solo), il fraseggio spezzato e composto di un tema o assolo, facendo così risaltare un mood incalzante, quasi thrilling, che è parte integrante del loro esprimersi.

Un chitarrista rock che si è distinto per una fluidità di fraseggio veramente notevole è Brian May; però un ascolto attento non ha fatto emergere un suo indicativo uso di pause.

Stesso discorso per alcuni chitarristi degli anni 80 come Larry Carlton e Steve Lukather i quali, come May, ottengono il loro bellissimo "respiro" con una fluidità interna delle proprie frasi veramente notevole, il relax del loro modo elegante di "stare" sul tempo e delle dinamiche, sopperiscono brillantemente ad un insospettabile uso limitato di pause.

Quindi non è assolutamente necessario usare diffusamente le pause per ottenere un buon assolo o riff, non vogliamo certo "criminalizzare" chi non ne fa uso, e se mai ce ne fosse stato bisogno, lo conferma la schiera di grandi chitarristi certamente non generosi di pause, come Jimi Hendrix, Jimmy Page, Frank Zappa, Van Halen, Frank Gambale.

Invece, sorprendenti "pausaroli", per quanto irruenti e super tecnici, sono Al Di Meola e Allan Holdsworth, che a differenza di un Greg Howe o Shawn Lane, suonano con qualche controtempo, spesso "silenziandosi" prima di affondarci con le loro mitragliate di note.

Altri due chitarristi, più rocker ed emersi in questi ultimi anni, che possiedono un bel respiro musicale, sono Brett Garsed e T.J. Helmerich, i quali pur essendo dei grandi virtuosi non disdegnano piccoli momenti di silenzio che rilanciano e abbelliscono i loro notevoli fraseggi e assoli.

Insomma le pause sono un po' il sale della nostra cucina. Bisogna imparare ad usarle come elementi attivi del fare musica, senza rifuggirle per timore di apparire passivi ed insipidi quando andiamo a cuocere il nostro minestrone. Anzi...

(Articolo pubblicato su Axe Magazine n.27 novembre 1998)

Il Sacro Graal

La conoscenza delle frequenze che riproduciamo con la nostra chitarra, e di conseguenza quella specie di ricerca del Sacro Graal che è il suono della chitarra elettrica distorta, diventa una vera e propria missione, speriamo non impossibile! Siamo pronti?

Quanti di noi hanno cominciato cercando di emulare i suoni dei nostri eroi preferiti? Anche successivamente, cercando un nostro suono più personale, siamo rimasti basiti senza riuscire di ricavare un granché, anche a fronte di tutto quel bendidio che la tecnologia e l'industria di oggi mette a disposizione

Sarebbe molto utile sapere che, quando noi suoniamo una singola nota, in realtà ne riproduciamo moltissime di più attraverso le armoniche che si sviluppano immediatamente dopo, soprattutto con suoni alterati dalla distorsione, enfatizzandone molte di quelle superiori.

In pratica le armoniche non sono altro che multipli della frequenza fondamentale: se suoniamo una nota cui corrisponde una frequenza determinata, per esempio 100 Hz (è un Sol1 un po' crescente, per comodità di calcolo ho arrotondato), la sua seconda armonica sarà il doppio a 200 Hz (Sol2), la terza il triplo a 300 Hz (Re3) e così via. Quindi è il multiplo matematico che determina la serie d'armoniche che si sviluppano successivamente e che vedremo nel dettaglio in seguito.

Questa consapevolezza e successiva conoscenza più specifica, viste le numerose implicazioni di carattere fisico, ci permetteranno di "disegnare" meglio il suono della nostra chitarra (ma in realtà vale in senso assoluto e per tutti gli strumenti).

È bene ricordare che in natura il suono puro (sinusoidale) senza armoniche non esiste, tutti gli strumenti ne producono, chi più chi meno; solo con apparecchiature elettroniche si riesce a generare un suono puro.

La differenza timbrica tra uno strumento e un altro risiede semplicemente nel differente sviluppo e rinforzo d'alcune armoniche, chiamate formanti, di quello specifico strumento.

Un altro fattore fondamentale è l'attacco della nota; in pratica se noi potessimo (magari con dei suoni campionati) togliere l'attacco del suono di un tamburo, di un violino, di un sassofono, di un pianoforte o di una chitarra, potremmo rimanere molto sorpresi dalla somiglianza di tutti questi timbri. Un esempio piuttosto clamoroso lo registrarono in duetto Chick Corea e Al Di Meola nel disco *Splendido Hotel*, infatti, nel brano *Two for Tango* la chitarra acustica di Di Meola e il piano acustico stoppato di Corea si somigliano in maniera incredibile.

Anche la durata ha la sua importanza, il periodo transitorio d'estinzione del suono, insieme al suo periodo transitorio d'attacco, influisce sulla nostra percezione psicoacustica.

Se priviamo al suono di una campana, il suo naturale transitorio d'attacco e lo prolunghiamo artificialmente, può somigliare così a un trombone!

Se per ipotesi e per semplificare, abbiamo solo un'unica banda di frequenza che possiamo governare, (nel senso che abbiamo solo un controllo di tono) ed enfatizziamo di molti decibel una frequenza di 660 Hz, avremo come risultato che qualsiasi nota inferiore a questa d esempio di 100Hz, nella sua fondamentale sarà percepita in misura minore come volume, e quindi con un colore timbrico più chiaro, quasi come se venisse risucchiata da quell'imbuto sonico ora rappresentato dai 660 Hz; in pratica abbiamo alterato la sua composizione timbrica. Quest'effetto dipende appunto dalle armoniche: se noi suoniamo quindi una nota che corrisponde a questa frequenza, (Mi4 del dodicesimo tasto del mi cantino) ovviamente sarà molto presente e con un volume superiore alle altre. La cosa meno ovvia è che tutte le note, d'intonazione inferiore al Mi4 che suoniamo, hanno all'interno, per le armoniche superiori, questa frequenza artificialmente enfatizzata: quindi il nostro suono generale tenderà verso quella specifica frequenza.

Un piccolo esempio: il suono di Allan Holdsworth è uno di quei timbri caratterizzati da poche frequenze enfatizzate e dipende molto dalle frequenze scelte; se, come sembra, le frequenze preferite da Allan s'aggirano intorno appunto sulle medio-alte, il suono sarà quello che potrete apprezzare nei suoi dischi, cioè piuttosto flautato. Infatti, il suo timbro non ha gli estremi banda: non è né profondo né tagliente, è piccolo e piuttosto puro, nel senso che, anche a fronte di una distorsione piuttosto pesante, non percepiamo poi così tante armoniche superiori. Intendiamoci, non che questo basti a ottenere il suo suono, ci mancherebbe, tuttavia è una buona base di partenza.

Tanto per capirci e orientarci, diamo qualche coordinata: i suoni di Van Halen e Joe Satriani sono sicuramente più armonici, quindi più colorati e complessi di quelli di Malmsteen e Steve Vai, che risultano più semplici e solidi.

Dobbiamo educare il nostro orecchio a riconoscere, anche con forti approssimazioni almeno all'inizio, le frequenze importanti su cui "girano" alcuni suoni.

Buon orecchio.

(Articolo pubblicato su Axe Magazine n.45 giugno 2000)

Frequenze, armonici (e trasposizione)

Ecco lo schema completo delle prime sedici armoniche prodotte, per esempio, da un Do di partenza. Ricordo che data una nota fondamentale, le armoniche superiori sono semplicemente il frutto dei multipli di essa: se abbiamo un La a 110 Hz, la seconda armonica (La2) sarà il doppio di questa (220 Hz), la terza (Mi3) il triplo (330 Hz) e così via. È possibile naturalmente trasporre questa serie e applicarla con tutte le note, basta ricordare in quale successione si presentano gli intervalli rispetto alla fondamentale e il gioco è fatto.

Oltre questo c'è una serie cromatica di note con le relative frequenze, da me approssimate con dei calcoli matematici, tra quelle dell'accordatura pura e quella del nostro sistema musicale temperato. Ho scritto anche i rapporti che intercorrono tra i vari intervalli, così ci potremo cimentare da soli nei calcoli quando necessario; in pratica abbiamo tutto lo spettro sonoro che interessa: basterà raddoppiare o dividere la frequenza della nota scelta. Se per esempio abbiamo bisogno di sapere che frequenza abbia il La4 del diciassettesimo tasto prima corda, basterà raddoppiare la frequenza dello schema (880 Hz).

Attenzione, il primo Mi è un Mi3 ed è praticamene il Mi cantino a vuoto o quello preso al V tasto sulla seconda corda. Insomma, il più basso La che abbiamo a disposizione, e cioè il La1 a vuoto o quello al V tasto della sesta corda, ha una frequenza di circa 110 Hz. I rapporti sono: 1/2 = ottava, 2/3 = quinta, 3/4 = quarta, 4/5 = terza magg., 6/5 = terza minore, 8/9 = seconda magg., 8/15 = settima magg. (Mi4)

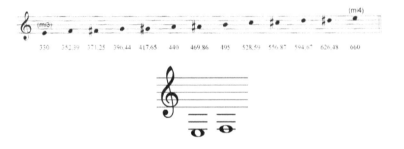

Queste due note corrispondono, nella notazione per chitarra, al Mi1 a vuoto e al Fa1 al primo tasto della sesta corda. In realtà la notazione è trasposta di un'ottava; queste due note sono Mi2 e Fa2.

Per chiarezza e completezza d'informazione ricordo che la notazione per chitarra è trasposta: in pratica è scritta un'ottava sopra. Ho anche specificato a quali note reali corrispondono quelle scritte per chitarra in chiave di violino, con le note di Mi e Fa rispettivamente prese con la sesta corda a vuoto e al primo tasto della medesima. Spero che per il futuro non ci saranno dubbi. Come noterete, il La1 a vuoto ha una frequenza di 110 Hz e non di 440 Hz (La3) come qualcuno forse pensava; ovviamente attraverso quest'informazione potremo meglio collocare tutto lo spettro d'intervento del nostro strumento preferito e di conseguenza operare con amplificatori, multieffetti, ecc.

Ovviamente non esiste il suono più bello, o quello perfetto: è assolutamente soggettivo. Semmai possiamo considerare un suono più appropriato e contestuale rispetto ad un altro: è difficile suonare la ritmica di un pezzo rock con un suono *puro* e poco armonico; sarà più conveniente avere una distorsione non esasperata nel guadagno, ma ricca d'armonici, magari catturati ed evidenziati dal magnete al ponte! Così facendo i nostri accordi saranno un po' più "orchestrali" e complessi, riempiendo lo spazio sonoro con più efficacia.

Mi sembra significativo che il martelletto del pianoforte percuota la corda a circa 1/8 della sua lunghezza, proprio per sopprimere il più possibile settima e nona armonica, che conferiscono al suono asprezza e dissonanza, visto che corrispondono proprio alla 7ª minore e alla 9ª maggiore, che sono classificati come intervalli dissonanti. Similmente ci siamo sicuramente già accorti che percuotendo le corde più vicino al manico o più verso il ponte generiamo suoni con timbri diversi: quello più vicino al manico caldo e profondo. Quello vicino al ponte frizzante e metallico. Questo è appunto dovuto al fatto di suonare, nel caso della percussione al manico, verso la metà della lunghezza della corda, che determina una forte riduzione delle armoniche pari e conseguente enfasi delle dispari, pertanto il suono appare poco brillante; viceversa se suoniamo verso il ponte, il punto è così prossimo al punto iniziale

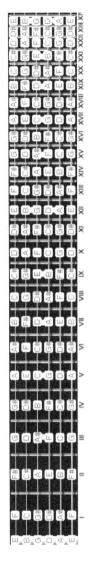

della corda, che le vibrazioni armoniche sono di molto maggiori e causano un effetto più tagliente e penetrante. La prossima volta vedremo come agiscono i vari tipi d'equalizzatori (ma non solo).

Questa a sinistra è la peculiare mappatura distributiva delle 48 note di una chitarra elettrica 24 tasti (segnatamente accordata in modo standard)

(Articolo pubblicato su Axe Magazine n.46 luglio-agosto 2000)

Frequenze, armonici (e trasposizione)
Parte 2

Come agisce il wha-wha? Sappiamo tutti che è semplicemente un controllo di tono con una banda passante piuttosto estesa. Si, d'accordo, ma quest'effetto così sfruttato soprattutto da noi chitarristi quali frequenze va a toccare? Questo ci può tornare utile non solo per la questione del wha-wha, ma anche per metterci alla prova e testarci sulla nostra generale consapevolezza sonica. D'altronde possiamo considerare una qualità sonora delle frequenze sotto i 130 Hz (Do2) come consonanti sonore M, N; da 130 Hz a 8200 Hz (Do7) come vocali nella successione U, O, A, E. I; sopra questa frequenza le note sono percepite come consonanti sorde F, S; questo vale soprattutto per suoni più possibili puri.

E bene tenere in considerazione che la massima sensibilità del nostro udito si ha tra frequenze comprese all'incirca tra 2000 Hz e 5000 Hz; e che il nostro orecchio percepisce in maniera più precisa e corretta altezze che vanno all'incirca da 1000 Hz a 3000 Hz; quindi possiamo affermare che, siccome la nostra chitarra elettrica ha come spettro di frequenze che vanno da 82,5 Hz della sesta corda suonata a vuoto (Mi1) a 1320 Hz del Mi5 suonato al ventiquattresimo tasto, il nostro orecchio tende più a sentire gli armonici superiori (soprattutto con suoni distorti) che si sviluppano, che non la fondamentale: quando trascriviamo dobbiamo fare molta attenzione a non confonderci.

Questo spiega anche perché le linee molto alte dette *canto* catturano tanto la nostra attenzione, e che sono spesso le melodie portanti dei brani. Un'altra cosa importantissima è che quando andiamo con i nostri equalizzatori a toccare frequenze superiori a 1320 Hz, sia con quelli grafici sia con quelli parametrici o quelli di bordo sugli amplificatori, andiamo a enfatizzare e modificare le armoniche formanti e non una nota (fondamentale e pura) per così dire reale che la nostra chitarra è in grado d'emettere. Gli interventi sulle frequenze che vanno grosso modo dai 1000 ai 3000 e più, sono in grado di modificare, soprattutto se gli equalizzatori sono posti prima dello stadio d'amplificazione, il nostro grado di percezione della distorsione! Questo è possibile perché, enfatizzando le armoniche superiori, avremo dei suoni più lunghi che legheranno meglio tra loro: se aumentiamo le armoniche, la nota sarà percepita con più *sustain*. Ma non è tutto; infatti, fisicamente noi andiamo a distorcere ancor di più il segnale giacché il suono reale è composto di più suoni sinusoidali (o puri) che vibrando si sommano e determinano, in virtù del numero delle armoniche sommate, un'onda risultante (suono od onda complessi) più o meno distorto e dissimile da quella originale (distorsione di non linearità o armonica).

Un'altra cosa da tenere in considerazione quando andiamo a realizzare il nostro suono, è che dobbiamo avere un'intensità di volume il più possibile simile a quella del reale utilizzo; infatti la nostra percezione delle frequenze varia al variare dell'intensità: con suoni riprodotti a bassa intensità l'orecchio percepisce di più le medie frequenze e molto meno quelle basse e alte; invece, a intensità medie o elevate, la percezione delle frequenze si equipara; il diffusissimo tastino *loudness* (che aumenta il guadagno degli estremi banda) presente anche nei più modesti amplificatori hi-fi, serve proprio a compensare questo. Quindi bisogna fare molta attenzione quando facciamo il nostro suono a casa, altrimenti potremo avere delle sgradite sorprese in sala prove o peggio sul palco!

Ad ogni modo tutto concorre, non solo equalizzatori e distorsori, ma anche chitarre, tipi di magneti e posizione degli stessi (più si va verso il ponte e più aumentano il numero di armonici catturati dal magnete), tipi di corde, plettri, tocco, ecc.

Per concludere, ricordiamo che un equalizzatore parametrico è un equalizzatore che, una volta determinata la frequenza, consente di scegliere se aumentare o diminuire l'amplificazione (espressa in decibel) di questa frequenza, in congiunzione con il controllo della cosiddetta campana del Q che determina appunto *il cono di luce* dell'intervento sulla frequenza stessa: pure l'equalizzatore più raffinato (anche tra quelli grafici) non amplificherà mai esclusivamente quella frequenza, ma, via via decrescendo come intensità d'intervento, tutte le frequenze più vicine sia sotto sia sopra. L'equalizzatore grafico invece ha delle frequenze prefissate che noi scegliamo d'enfatizzare o meno; differentemente da quello parametrico, che in genere non ha più di quattro bande (bassi, medio-bassi, medio-alti, alti), quello grafico ha molte più frequenze di controllo contemporaneo, arrivando anche a 31, nel qual caso è detto a terzi d'ottava, perché divide un'ottava in tre parti: se abbiamo una frequenza di base di 200 Hz prima d'arrivare alla sua ottava che è 400 Hz, avremo altre due bande e cioè a (circa) 266 Hz e 333 Hz.

In conclusione, per la costruzione del nostro suono bisogna fare molta attenzione; le cose cui badare sono molte e un po' più complicate di quello che può sembrare; sia con sofisticati equalizzatori sia con i semplici controlli di tono passivi posti sui nostri amplificatori (proprio perché più rozzi possono causare disastri sonici) o controlli di gaia che aumentano le armoniche e distorcono la nostra onda sonora, con costanza e dedizione riusciremo finalmente trovare il nostro Sacro Graal.

(Articolo pubblicato su Axe Magazine n.47 settembre 2000)

Equalizzatori

L'equalizzatore può rivelarsi uno strumento prezioso in moltissime occasioni, basti pensare che se messo tra chitarra e ampli o alla fine della catena di preamplificazione (con il send e return), ci permetterà un controllo diverso ma lo stesso sofisticato e raffinato della nostra timbrica, aumentando così a dismisura la tavolozza tonale da cui possiamo attingere.

D'altronde questo strumento va inteso come un amplificatore (o attenuatore) di frequenze!

Se l'EQ viene messo tra chitarra e ampli concede al musico di caricare convenientemente sia in guadagno generale sia in quello di ogni singola fascia di frequenze qualsiasi apparato di amplificazione, magari dando grinta ad una saturazione non molto spinta ed enfatizzando ad arte alcune frequenze, apponendo lo stampo timbrico dominante del nostro suono. Se è inserito alla fine della catena d'amplificazione (o di preamplificazione, a buon bisogno quella di un pedale di distorsione) dando la rifinitura timbrica finale al nostro suono e regolare il livello d'uscita equiparandolo (o no) al suono emesso senza l'utilizzo del pedale.

Non è difficile ricavare dei suoni piuttosto incredibili mettendo a monte, cioè prima dello stadio di preamplificazione, il nostro EQ e, partendo magari da un timbro con qualche accenno di saturazione del nostro ampli (o pedale) e, settando l'EQ con un certo tipo

di guadagno di frequenze, raggiungere dei suoni (anche molto) distorti di grande bellezza e peculiarità, difficilmente conseguibili con qualsiasi ampli o distorsore in commercio poiché non in grado questi ultimi di emettere suoni così sofisticati con curve timbriche particolari ed estreme e con le complessità insite nelle saturazioni a più stadi. Ed è una soluzione tanto economica quanto definitiva (è come avere canali aggiuntivi) se solo ci applicheremo un poco a tale divertente, istruttiva e (speriamo) soddisfacente disciplina.
Così la ricerca del Sacro Graal (la nostra voce chitarristica) potrà iniziare, poiché di norma i "suoni in vendita" sono più semplici e lineari, quindi il grande fascino di tale pratica è la possibilità di costruire dei timbri a nostra immagine e somiglianza.
Inserendo invece un EQ a valle della preamplificazione, abbiamo la possibilità di rifinire perfettamente i profili dei timbri precedentemente forgiati con preamplificatore ed EQ vari: l'artefatto (il suono) in 3 dimensioni plasmato a monte potrebbe aver bisogno di una modifica di frequenze, giacché per ottenere un determinato timbro abbiamo magari variato frequenze che successivamente potrebbero essere in eccesso o in difetto, ed ecco che la correzione in 2 dimensioni con un EQ a valle si rivela vincente.
Dico 2 dimensioni perché non è assolutamente la stessa cosa se (per esempio) enfatizziamo di 6dB i 1000Hz a monte e poi facciamo la stessa operazione a valle (togliendo), perché "iniettando" attivamente a monte, considerando i molti fattori ad essa interdipendente, questa operazione concorre a modellare un timbro, viceversa quando la togliamo a valle sottraiamo più l'effetto generale di quella frequenza, come accade quando ritocchiamo le frequenze con il nostro impianto Hi-Fi!
La controprova è variare di X decibel Y frequenza a monte e poi

fare esattamente la stessa cosa a valle: il risultato sarà diverso.
Anche per questo i costruttori sono restii di dare la possibilità di formare a monte i suoni.

A fronte di tutto ciò abbiamo deciso di fare una breve e non esauriente panoramica di alcuni equalizzatori a pedale presenti sul mercato: speriamo stimoli almeno la curiosità e quindi la voglia di fare qualche esperimento lasciando quindi perdere (almeno per un po') i suoni facili e soddisfacenti presettati dalle case costruttrici: è la stessa differenza che c'è tra un sugo pronto ed uno fatto in casa!

Ma non solo saturazioni e distorsioni, gli equalizzatori potremo utilizzarli semplicemente per preamplificare una chitarra pulita o una chitarra acustica in diretta nel mixer rendendole tonalmente più robuste; oppure un basso...

Carl Martin 3 Band Parametric Pre-Amp
Iniziamo con un pedale di una casa che abbiamo conosciuto qualche numero addietro: Carl Martin.

Quello proposto è un EQ parametrico, ci permette cioè d'impostare i parametri a nostro piacimento (le frequenze) per poi manipolarle (enfatizzandole o no).

I parametrici non sono equalizzatori semplici e intuitivi poiché mancano di quel riferimento visuale che invece hanno appunto quelli cosiddetti grafici, tuttavia una volta fatta l'esperienza necessaria questo tipo di equalizzatore si rivela uno strumento molto efficiente per correggere le timbriche di qualsiasi strumento in maniera molto precisa.

Il pedale ospita i controlli di Level (±15 dB), Bass, Middle e Treble

(±15 dB) nella sezione superiore mentre in quella inferiore troviamo i potenziometri per la scelta delle frequenze: 20-500 (per i bassi), 220-5100 (per i medi) e 1500-16000 (per gli alti). Avrete notato che le bande di frequenze s'intersecano, così potremo disegnare curve di alterazione timbrica più sofisticate e precise.

Oltre al consueto footswitch e led connesso e alle prese Input e Output, troviamo un'uscita Line-Out bilanciata per il collegamento diretto a un mixer; il pedale non prevede l'uso delle batterie ed ha la presa per l'alimentazione diretta da rete. Misura 12x9,5x6 cm e pesa circa 0,6 kg.

L'utilizzo di un pedale del genere è assolutamente variegato, anzi è progettato proprio per aiutare l'amplificazione (sia live sia in studio) degli strumenti acustici come la nostra chitarra, violini, sax, trombe eccetera, interfacciandoli direttamente a un mixer con un'equalizzazione timbrica ed un livello volumetrico adeguati, senza passare attraverso amplificatori o rack.

Il Carl Martin lavora in maniera pulita e abbastanza neutrale, silenziosa ed efficace, le frequenze sono ben centrate e il livello di attenuazione e di enfasi è notevole seppur la tipologia di un equalizzatore parametrico è apprezzata con il tempo; insomma va fatta un po' di pratica.

Mancando la regolazione della campana di risonanza denominata in elettronica Q (cioè la larghezza della banda d'intervento + o - stretta dei filtri), questo Carl Martin non è un EQ parametrico ma semiparametrico; in ogni caso seppur non molto stretta, la campana d'intervento dei filtri ci permette degli interventi accurati.

La dotazione di un'uscita bilanciata consente al musicista un interfacciamento tranquillo e sereno in qualsiasi occasione, pure tramite il controllo del livello di volume (in grado d'innalzarlo di 15db) cui è dotato il pedale.

Giustamente la denominazione di questo Carl Martin richiama la sua funzione importantissima di preamplificatore, che d'altra parte è comune alla stragrande maggioranza d'unità del genere, pure a pedale.

Boss GE-7

Il classico EQ grafico Boss GE-7 sta in circolo da almeno venti anni ed è stato visto su moltissimi palchi, pure importantissimi, ad esempio come compagno d'avventure di David Gilmour e Santana tanto per citarne solo due; in particolare il chitarrista dei Pink Floyd nelle sue enormi pedaliere ne aveva cablati quattro o cinque!

Le dimensioni e i pesi sono quelli comuni con tutti i pedali Boss di questa serie (12 x 5,5 x 6,5 cm per meno di mezzo chilo di peso), quindi il pedale è molto pratico, ben progettato e realizzato a fronte del footswitch silenzioso e il vano della batteria facilmente raggiungibile.

Ha pure la presa per l'alimentatore esterno (non in dotazione).

Le bande d'intervento sono 7 con aggiunto il controllo di guadagno generale: 100Hz, 200Hz, 400Hz, 800Hz, 1.6KHz, 3.2KHz, 6.4KHz per un'enfasi o un'attenuazione di 15 decibel; pure il Gain ha ±15 dB.

Quindi partendo dai 100 Hz (che corrisponde circa al Sol preso al terzo tasto sesta corda) si va per ottave; pure gli EQ più raffinati e costosi (sia grafici sia parametrici sia semplicemente il singolo controllo tonale) non intervengono di certo solo ed esclusivamente sulla frequenza (quindi su quella specifica nota) predeterminata ma anche su quelle appena adiacenti (nel contempo sia quelle basse sia quelle alte) con una curva che appunto in un EQ parametrico possiamo stringere o allargare ma che in ogni caso non riesce ad isolare del tutto una frequenza (o nota) singola.

D'altronde eccettuato qualche caso particolare d'intervento correttivo, non è poi così interessante avere isolata una frequenza soprattutto a fronte dei nostri esperimenti timbrici; viceversa una campana d'intervento troppo ampia potrebbe procurare variazioni tonali grossolane. La corsa dei fader (i potenziometri a slitta) di controllo di questo EQ Boss non è lunga quindi non possiamo permetterci accuratissime impostazioni ma è sufficientemente comoda e precisa. I rametti che ci permettono di comandare i fader sono ben sporgenti quindi di facile controllo ma allo stesso tempo protetti dal profilo a due piani del pedale; c'è un led rosso indicante la messa in servizio dell'EQ.

Il GE-7 è un equalizzatore onesto, abbastanza silenzioso e con una capacità d'intervento ottima su frequenze che ben coprono lo spettro timbrico della chitarra elettrica pure in presenza di suoni distorti. Non è del tutto neutrale, in altre parole se lo attiviamo e posizioniamo i fader tutti a zero, il timbro cambia un poco velando appena il suono; ma è una variazione del tutto accettabile.

Se aiutato appena con un barbaglio di saturazione è in grado di distorcere completamente lo stadio di preamplificazione successivo quindi di produrre timbri molto interessanti; e seppur le frequenze alte sono limitate a 6.4 KHz (un'altra ottava faceva comodo) è comunque capace di saturare quelle frequenze molto alte tanto care a chi brama un timbro più armonico e rock.

MXR (M-109)

Il glorioso sei bande MXR (M-109) è di nuovo tra noi in una rinnovata veste assolutamente azzeccata a parere di chi scrive: è aggressivo ed elegante al contempo.

Non possiamo che rimanere un po' infantilmente ammirati dallo spettacolo suggestivo che produce questo pedale con quei sei led rossi incastonati negli altrettanti fader di controllo che s'illuminano quando attiviamo il pedale; ma sono anche utilissimi per controllare con un colpo d'occhio su un palco poco illuminato l'impostazione delle frequenze del pedale!

La corsa dei fader è ben proporzionata all'enorme profondità d'intervento (18dB). Sono poco sporgenti (viceversa sarebbero stati a rischio) ma sufficientemente azionabili. È dotato di footswitch e presa per alimentatore esterno oltre alle ovvie prese In e Out; per accedere alla batteria bisogna svitare 4 viti e smontare il fondello inferiore di pesante metallo opportunamente ricoperto di gomma antiscivolo.

Le dimensioni sono particolarmente contenute: 11 x 5,5 x 6 cm.
Le frequenze d'intervento sono 100Hz, 200Hz, 400Hz, 800Hz, 1.6KHz e 3.2KHz (quindi come quelle del Boss), ma essendo 6

bande non ha quella dell'ottava successiva di 6.4KHz; l'altra cosa che manca è il controllo generale di guadagno (per chi volesse di più, c'è un M-108 a 10 bande-controllo generale del guadagno). Ma l'intervento, come detto, è enorme: 18dB.

Sembrano pochi 3 dB in più, ma vi ricordo (ed è sempre valido per tutte le misurazioni con i decibel) che un incremento di 3 dB corrisponde al doppio, vale a dire che questo MXR ha circa il doppio di efficienza d'intervento rispetto agli altri EQ presi in esame.

In pratica, considerato l'enorme guadagno dato dai 18dB delle varie bande, non sentiamo la mancanza del controllo di livello per quanto riguarda l'uso come preamplificatore distorcente; il controllo di livello è in ogni caso utile soprattutto se vogliamo mettere l'EQ dopo lo stadio di preamp per avere (o non avere) un salto di volume a fronte delle impostazioni.

Inoltre pur essendo un true bypass, questo MXR, messo in flat, è timbricamente ancor meno neutrale del Boss, colorando piuttosto evidentemente il suono.

In questa nuova edizione (denominato M-109) rispetto all'originale prodotto negli anni settanta oltre l'estetica rinnovata, troviamo aggiunti i led e il footswitch.

In conclusione possiamo affermare che questa piccola carrellata di equalizzatori è stata incoraggiante, nel senso che tutti i prodotti sono di qualità medio-alta.

Preferire un EQ parametrico significa avere un maggior controllo (precisione nella scelta e nell'intervento delle frequenze) a scapito della minor capacità di pilotare molte bande di frequenze contemporaneamente (2, 3, al massimo 4 bande).

D'altra parte un equalizzatore grafico offre un accesso a un numero superiore di bande di frequenze contemporaneamente, ma con il limite che le frequenze sono quelle e rimarranno sempre quelle, non potendo oltretutto concentrarsi magari su una porzione di frequenze specifica e "lavorarla"; proprio per questo le campane d'intervento (fattore Q) degli EQ grafici sono in genere più ampie quindi di solito questi EQ sono meno precisi.

A voi la preferenza, ma forse averne due, magari uno parametrico e uno grafico, può essere una scelta felice che ci permetterà forse di raggiungere (o almeno avvicinare) quella serenità sempre minata dalle frequenti quanto violente brame soniche che tutti noi chitarristi ben conosciamo.

Strumenti usati: PRS Custom, ESP replica Stratocaster, Yamaha SG 2000, Mesa/Boogie Mark I Reissue, Marshall JCM 900, Roland Jazz Chorus 55.

(Articolo pubblicato su Axe Magazine n.93 - maggio 2004)

Parliamo di distorsione: i pedali

Chi non ha mai usato un pedale distorsore lanci la prima... batteria! A torto considerato il parente povero prima dell'ampli valvolare poi del super-rack zeppo d'effetti, negli ultimissimi anni si sta prendendo una rivincita indiscutibile per diffusione e apprezzamento. La fortuna di quest'accessorio o effetto speciale, com'era chiamato una volta, si deve al desiderio spasmodico dei chitarristi di avere un suono che ruggisse con poca spesa e a basso volume senza dover far distorcere gli amplificatori che, fino all'avvento dei Mesa/Boogie, non essendo provvisti di master, avevano bisogno di un volume alto per ottenere l'agognata distorsione. Inoltre con il pedale si ha a disposizione un suono in qualche modo pronto e facilmente intercambiabile: basta sostituire il tipo di pedale e avremo nuova linfa vitale per la nostra chitarra! Probabilmente la chitarra con il suono distorto più influente è stata quella di *Satisfaction* dei Rolling Stones. All'epoca si stentò a credere che il riff fosse suonato da una chitarra e qualcuno pensò si trattasse di una sezione di sassofoni starnazzanti, anche per il tipo di riff così simile a quelli in voga nel R&B!

Quel suono proveniva da un fuzz, poi ricercato e usato da moltissimi chitarristi e anche da qualche bassista. Il suono distorto si espanse a macchia d'olio, entrando nella tavolozza di suoni del chitarrista rock per non uscirne mai più. Era l'inizio della fine, la barbarie del popolo chitarraio era cominciata, l'atavica aggressività del chitarrista stava per essere espressa compiutamente; e non c'è niente di più immediato di qualche pedale per compiacere tutta quest'ansia da duello in punta di piede e plettro e arricchire l'arsenale guerresco a disposizione. I pedali di una volta non simulavano bene quanto quelli moderni un buon amplificatore "imballato"; piuttosto fornivano dei suoni diversi, oppure si usavano per sovraccaricare il pre, facendolo distorcere di più e prima.

Fino agli anni '70 i pedali più usati erano il Maestro Fuzz, il Fuzz-Face Arbiter, il Big Muff Electro-Harmonix e il Distortion + MXR, tutti semplici quanto efficaci fuzz dal suono compatto e ronzante. Nei primissimi anni'80, con il declino degli amplificatori valvolari, i costruttori di strumenti musicali sfornarono pedali che volevano simulare la distorsione degli ampli valvolari; comparirono i primi overdrive come l'Ibanez Tube Screamer 808 (poi il TS9) e il Boss OD-1, e contemporaneamente anche prodotti progettati per ottenere una distorsione sempre maggiore come i Boss DS-1 e Heavy Metal. Successivamente un altro best seller è stato il Rat della ProCo, che riuscì a coniugare una grande riserva di distorsione con l'articolazione, la dinamica e la neutralità degna dei migliori overdrive. Un aspetto molto sottovalutato è l'accoppiamento dei pedali con gli amplificatori. Non sempre un pedale oggettivamente di qualità, interfacciato con un particolare amplificatore e una particolare chitarra (sempre di qualità), darà il suono sperato. Bisogna imparare a riconoscere, sperimentando, gli strumenti più idonei per ottenere quello che vogliamo; e non dobbiamo aver timore di equalizzare anche pesantemente, sia con il pedale sia con l'ampli, considerando che l'immissione di frequenze (specie quelle alte) prima o dopo la distorsione ha effetti piuttosto consistenti. Non va dimenticato che, se si ricerca solo maggior gain dal proprio ampli, può tornare utile anche un semplice equalizzatore con il livello d'uscita alzato! Recentemente si sono affacciate sul mercato pedaliere digitali multieffetto, che spesso prevedono una sezione analogica con distorsori il più delle volte molto convincenti. Potrebbe essere la sintesi più azzeccata, considerato che la pedaliera multieffetto si colloca a metà strada tra l'immediatezza d'uso dei pedali e le raffinate possibilità di editing e richiamo degli effetti digitali: insomma l'evoluzione della specie! Con i potenti equalizzatori di cui sono dotate queste pedaliere, tutto quello che si può dire sull'utilizzo dei pedali, è valido ed esaltato, sia come effetto finale sia come attenzione da prestare: la soluzione più immediata quasi mai è quella giusta.

(Articolo pubblicato su Axe Magazine n.33 - maggio 1999)

Ampli per chitarra elettrica
Un ruolo fondamentale ma sottovalutato

Se appartenete a quella stragrande maggioranza di persone, anche musicisti e chitarristi, che ritengono sia la chitarra il più importante strumento "responsabile" dei timbri musicali prodotti dei chitarristi elettrici di rock e dintorni (perciò suoni saturi) e volete continuare a pensarlo senza avere dubbi di alcun genere, non leggete il resto dell'articolo.

Quella moltitudine di persone ritiene molto meno importante ciò che è posto dopo la chitarra ovvero l'amplificatore (che rammento essere costituito da pre-finale e altoparlante/i).
Francamente, dopo il primissimo periodo di appassionamento alla musica e in particolare alla chitarra (elettrica), questo fatto mi è sempre "suonato" strano... Sarà anche per gli studi che ho compiuto, ma l'importanza degli apparati elettronici per la produzione di un suono appunto elettronico mi è sempre sembrata una discendenza abbastanza ovvia...
Va stabilito che la componente elettronica della chitarra elettrica è concretata dai magneti (pick-up), che trasducono le vibrazioni

fisiche delle corde in segnali elettrici: in pratica sono dei microfoni. Questi dispositivi sono pertanto i primari responsabili[13] dei suoni delle varie tipologie e marche di chitarre elettriche: le due grandi marche e scuole storiche Fender e Gibson, oltre ad avere principi costruttivi un po' differenti per quanto riguarda la parte "liuteristica", differiscono nella tipologia di magneti in dotazione. Il risultato è che questi strumenti hanno suoni diversi.

Va da sé che, siccome è la chitarra lo strumento che si tocca (e che sta davanti, in faccia a tutti), sembra essere (oltre che la diretta) l'unica responsabile della realizzazione del suono emesso: la suggestione è fortissima e quindi il mito della chitarra, a scapito di dove è "attaccata", è pressoché assoluto. Tanto che nei sogni (e spesso nelle stanze) dei chitarristi ci sono ben più chitarre di ampli.

Ma sono gli amplificatori i responsabili principali del suono dei chitarristi elettrici, non le chitarre!
Gli amplificatori sono dotati di controlli di volumi che determinano l'intensità e la profondità del suono stesso insieme con la distorsione del segnale, fondamentale e formidabile mutazione timbrica per il chitarrista elettrico (di rock e dintorni, talvolta pure di jazz); oltre ciò sono dotati di controlli di equalizzazione timbrica almeno a 3 bande (bassi-medi-alti) per l'ulteriore modificazione

---

[13] Gli altri elementi che costituiscono una chitarra elettrica (legni, forme, ponticelli ecc.) sono influenti in minima parte, infatti tutti insieme non pareggiano quello dei magneti: la prova è che se per esempio a una Fender si cambiano i magneti adottando magari quelli tipici della Gibson, il suo suono cambia drasticamente avvicinandosi di molto a quello Gibson; pur non pareggiandolo perfettamente.

sonica. Va pure considerato che le differenti tipologie di altoparlanti in dotazione ai vari amplificatori hanno un ruolo non indifferente nella costruzione timbrica dei suoni: diversamente da quelli per Hi-Fi, che almeno per principio sono neutri (senza colorazioni timbriche) e quindi tutti simili, questi sono tutti diversi, hanno caratteristiche proprie che contribuiscono per il modellamento del suono finale.

Per avere prova di questo basta fare un semplicissimo esperimento: a parità di chitarre cambiare amplificatori, e viceversa... L'inevitabile risultato sarà che cambiando amplificatori cambierà e di molto il suono! Viceversa cambiando chitarre e mantenendo lo stesso ampli il suono certamente cambierà, ma molto, molto meno; concerne sfumature soniche, non di più. E quello che offre la passiva elettronica di un magnete di chitarra come caratteristica (suono più o meno brillante, più o meno "carico ecc.), gli ampli sono in grado di compensarlo mediante i loro attivi controlli di volumi ed equalizzazione; non è possibile il contrario.

E questo senza considerare l'ulteriore modificazione del suono che spesso viene operata: effetti di tanti tipi (wha-wha, leslie, chorus, flanger, tremolo ecc.) insieme con i semplici ma importantissimi riverberi ed echi, fanno sì che la chitarra, seppur matrice importante a livello manuale tattico per il chitarrista e affascinatissima, nella produzione del suono e dei timbri abbia una parte ridottissima. La chitarra è la buccia del frutto sonoro, il succo timbrico dei chitarristi sta negli amplificatori[14].

---

[14] Non pochi chitarristi a volte abbinano all'amplificatore i cosiddetti effetti a pedale (o a rack) chiamati overdrive e distorsori, per avere ancor più possibilità timbriche: essi sono preamplificatori aggiuntivi a quello insito dell'amplificatore.

Feedback

Hai qualche dubbio su quanto appena letto?
Se hai osservazioni/domande/critiche non esitare a scrivermi all'indirizzo email *cpasceri@libero.it*. Sarò felice di ascoltare i tuoi consigli!

Se ti è piaciuto questo libro, lascia una recensione a 4 o 5 stelle su amazon.it. Per una pubblicazione indipendente come questa, le recensioni dei lettori sono molto importanti. Grazie.

L'autore

Carlo Pasceri (Roma, 1964), musicista, ha all'attivo quattro album solisti, più svariate collaborazioni con artisti nazionali. Ha collaborato con diverse riviste di musica tra cui Ciao 2001, Fare Musica e il periodico per chitarristi Axe Magazine. Per quest'ultima ha curato per oltre otto anni la sua rubrica didattica, recensito dischi, testato strumenti musicali, scritto approfondimenti storico-musicali e trascritto musica. Ha pubblicato i libri Tecnologia Musicale, Musica '70, Supreme Kind of Brew, Piccolo Glossario Sinottico Musicale, Viaggio all'interno della Musica, Compendio della Musica Occidentale, Quaderni Musicologici e la collana Dischi da leggere.

Altri libri dello stesso autore

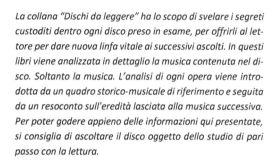

La collana "Dischi da leggere" ha lo scopo di svelare i segreti custoditi dentro ogni disco preso in esame, per offrirli al lettore per dare nuova linfa vitale ai successivi ascolti. In questi libri viene analizzata in dettaglio la musica contenuta nel disco. Soltanto la musica. L'analisi di ogni opera viene introdotta da un quadro storico-musicale di riferimento e seguita da un resoconto sull'eredità lasciata alla musica successiva. Per poter godere appieno delle informazioni qui presentate, si consiglia di ascoltare il disco oggetto dello studio di pari passo con la lettura.

Cosa è l'improvvisazione? La tecnica cos'è e a cosa serve? Qual è la differenza tra musica e rumore? Cosa è il tempo musicale e come si controlla e usa? Cosa è davvero una scala musicale e a cosa serve? Quali sono gli elementi e i parametri che determinano un genere e uno stile musicale? Sono solo alcune delle domande a cui questo libro risponde. È un viaggio alla scoperta del fenomeno Musica: permette, anche in modo scalabile di giungere a una prima, ma già profonda, conoscenza della materia. Ci si può fermare a una certa altezza e comprendere temi fondamentali già con i primi tre capitoli: quello filosofico, quello matematico-naturale e quello tecnico-teorico. Questi, unitamente al Glossario messo in epilogo, permettono già di dirigersi verso il pianeta Musica per poi eventualmente avvicinarsi andando a esplorare ancor di più e di rivelarlo. Buon viaggio.

Una serie di scritti che non vuole essere una semplice esaltazione degli anni d'oro del Rock. Si fa soprattutto il punto di un genere che ha raggiunto mezzo secolo di vita, attraverso un'analisi che compendia e stabilisce le giuste proporzioni, citando artisti e definendo generi, stili e opere. Si passa quindi attraverso l'esperienza del progressive rock (anche italiano) con le sue tantissime sfumature, il Jazz-Rock di John McLaughlin e Al Di Meola e il latin rock di Santana (con una vera e propria monografia).

Questo breve compendio della storia musica occidentale non ha pretesa di esaustività né di particolare minuziosità; tuttavia, proprio per la sua estrema concisione, mira a essere un agilissimo manualetto di consultazione per comprendere le fondamentali linee guida di sviluppo della "nostra" musica nel corso dei quasi due millenni trascorsi dai primi canti cristiani fino a oggi.

Questo libro si propone di fornire informazioni su ciò che la musica è e come possa funzionare, i suoi assetti sistematici di combinazioni di suoni e silenzi disposti nel tempo. La musica è un unico ente che si presenta sotto un quadruplice aspetto (ritmo, melodia, armonia e timbro), e che, a seconda del genere e dello stile, dell'artista, del brano e finanche dell'eventualità del momento, può avere o mostrare varie gradazioni di rapporti tra questi; reali o apparenti. La musica è vibrazione, è endemicamente tensiva, si espande sfericamente in tutte le direzioni spaziali, travalica la materia, scavalca muri, comanda il tempo: seduce sempre e comunque. La musica è volontà, è energia pura.

www.ingramcontent.com/pod-product-compliance
Ingram Content Group UK Ltd.
Pitfield, Milton Keynes, MK11 3LW, UK
UKHW040643020125
453205UK00001B/89